apprentie
Jenifer
VÉTÉRINAIRE

Les louveteaux introuvables

EMILY COSTELLO
TRADUIT DE L'AMÉRICAIN
PAR JOËLLE TOUATI

BAYARD JEUNESSE

LES HÉROS DE CETTE HISTOIRE

Jenifer Sullivan a neuf ans. Elle rêve de devenir vétérinaire, comme sa tante Anya. Elle se rend donc régulièrement à la clinique pour l'aider.

Anya est la sœur jumelle de Norma. Elle est la seule vétérinaire de la petite ville de Gateway, dans le Montana.

Cora Sullivan, quatorze ans, est la sœur aînée de Jenifer. C'est une passionnée des chevaux. Avec sa sœur, elle a fondé l'association « Les enfants en faveur des loups ».

Jack et Norma Sullivan sont les parents de Jenifer et Cora. Norma, qui est biologiste, peut aider Anya lorsqu'il s'agit d'animaux sauvages.

Jack Sullivan
Norma Sullivan
Anya
Cora Sullivan
Jenifer Sullivan

I

Jenifer Sullivan soupira de bonheur. Le soleil de juin lui caressait les épaules et ses longs cheveux roux encore humides l'empêchaient d'avoir trop chaud.

Avec son amie Samantha Russell, elle avait passé la matinée à se baigner dans la rivière. À présent, les deux fillettes rentraient tranquillement chez elles. Le long de la route, ni l'une ni l'autre n'éprouvait le besoin de parler. Elles savouraient ce bel après-midi. Comme d'habitude, après avoir nagé, Jenifer se sentait un peu molle et somnolente.

En revanche, la baignade ne semblait pas exercer le même effet sur Rufus, son chiot de cinq mois. Il filait devant, aussi loin que sa laisse le lui permettait, puis revenait vers elle en gambadant.

– Si on allait faire un tour chez Marisa ? suggéra Samantha. Je n'ai pas encore vu ses porcelets.

– D'accord, acquiesça Jenifer.

Clémentine, la truie de Marisa Capra, avait mis bas deux semaines plus tôt. Jenifer avait déjà rendu visite aux nouveau-nés à plusieurs reprises. Elle adorait les cochons.

En fait, elle adorait tous les animaux. Les gros et les petits ; les bêtes sauvages et celles de la ferme. Tout ce qui avait des poils, des plumes, des sabots, des griffes, des nageoires, ou même des antennes et des mandibules !

Bien sûr, Rufus était de loin son préféré. Quand elle l'avait adopté, il ne devait pas avoir plus de quinze jours. Il avait été abandonné sur une aire de repos, si bien que l'on n'était sûr ni de son âge exact ni de sa race.

Anya, la tante de Jenifer, disait qu'il avait tout d'un bichon maltais, avec son long pelage blanc, ses yeux noirs, sa truffe et ses lèvres brunes.

En quelques mois, le chiot avait atteint la taille d'un ballon de foot. Vraisemblablement, il ne grandirait guère plus.

Rufus fut le premier à arriver dans la cour des Capra. Le parking était plein de luxueuses voitures immatriculées dans différents États : en Californie, en Arizona, et même dans le New Jersey.

Les Capra tenaient un *bed and breakfast*, un petit hôtel familial de quelques chambres très confortables. Ils élevaient des bêtes parce que les gens qui venaient passer des vacances dans le Montana se réjouissaient toujours de voir des animaux. Marisa et sa mère étaient complètement gaga de leurs cochons, de leurs chevaux et de leurs chèvres.

Jenifer et Samantha contournèrent la maison. Quand elles parvinrent au pied de la véranda, Rufus se réfugia dans un minuscule coin d'ombre, haletant, la langue pendante.

– Je crois qu'il a soif. Je vais aller lui chercher de l'eau.

Jenifer montait les marches lorsque Marisa surgit de l'écurie. En apercevant ses camarades, elle s'immobilisa brusquement :

– Ah, vous êtes là... Ça tombe bien, vous allez pouvoir nous aider.

Elle avait une drôle de voix et battait des paupières. On aurait dit qu'elle se retenait de pleurer.

– Que se passe-t-il ? lui demanda Jenifer.

– Clémentine s'est enfuie ! Venez vite !

Marisa pivota sur ses talons et repartit en hâte vers l'écurie. Jenifer et Samantha lui emboîtèrent le pas. Rufus les suivit en jappant d'excitation.

– Comment s'est-elle sauvée ? lança Samantha.

Elle marchait à grandes enjambées pour se maintenir au niveau de Marisa, mais elle était parfaitement calme. Elle vivait dans un ranch. Ramener les vaches échappées n'avait rien d'extraordinaire pour elle. Elle pensait sûrement qu'il serait facile de rattraper le cochon.

– Maman a fait construire un nouvel enclos pour Clemmy, expliqua Marisa en tirant la lourde porte de l'écurie. La clôture ne devait pas être assez solide. Elle l'a soulevée et elle a creusé un tunnel dessous.

Les fillettes pénétrèrent dans la bâtisse. Il y faisait sombre et frais. Une odeur de foin et de bois fraîchement coupé assaillit les narines de Jenifer. L'écurie des Capra sentait toujours bon, car elle était entretenue avec soin, ce qui était loin d'être le cas dans toutes les fermes…

– Elle a creusé un tunnel ? répéta Samantha, amusée. Ça doit être une sacrée galerie…

Clémentine pesait au moins trois cent cinquante kilos.

– Oui, fit Marisa, sombrement.

– Ne fais pas cette tête-là, lui dit Samantha. Nous allons l'attirer avec de la nourriture. Tu verras, elle ne se fera pas prier.

– Ce n'est pas pour Clemmy que je m'inquiète, expliqua Marisa, mais pour les porcelets. Ils se sont sauvés, eux aussi. Dès qu'on s'approche d'eux, ils détalent comme des lapins. On dirait qu'ils croient que c'est un jeu.

– Nous allons les rattraper, affirma Jenifer.

– Tu devrais laisser Rufus dans l'écurie, lui conseilla Samantha. S'il vient avec nous, il va semer la panique.

Marisa approuva d'un hochement de tête.

– Oui, mets-le dans la stalle de Daisy.

Daisy était l'une des chèvres des Capra. Son box était vide : elle devait être au pré.

Jenifer avait envie de protester. Ses amies semblaient considérer Rufus comme un foufou. Or il ne l'était pas – enfin... il ne l'était plus. Depuis le début des vacances, elle l'emmenait à l'école de dressage. Il savait désormais marcher en laisse, et il venait quand on l'appelait. À présent, Jenifer lui apprenait à s'asseoir.

Rufus ne ferait pas de bêtises si elle le laissait dehors, elle en avait la certitude. Mais elle ne voulait pas contrarier Marisa, qui était déjà dans tous ses états. Elle prit donc le chiot dans ses bras et le déposa dans la stalle de Daisy, délimitée par une murette. Rufus alla bruyamment laper l'eau dans la gamelle de la chèvre.

– Désolée, mon chou, lui lança-t-elle. Je n'en ai pas pour longtemps, promis.

Marisa et Samantha étaient déjà ressorties par la porte qui donnait derrière l'écurie. Elle se dépêcha de les rejoindre dans le patio.

– Maman essaie d'attraper Clemmy, lui dit Marisa.

Au milieu du jardin, Clémentine déterrait des carottes de son gros groin et les croquait avidement en grognant. Les légumes, fanes comprises, disparaissaient un à un entre ses dents. Mme Capra se tenait face à la truie, un serre-groin à la main.

Un homme lui parlait. « Probablement un touriste qui séjourne au *bed and breakfast* », songea Jenifer. Il était vêtu d'une chemise blanche et d'un pantalon clair, et avait une casquette de base-ball vissée sur le crâne.

Le patio était aménagé avec goût. Des chaises et de vieux fauteuils en osier bleu lavande, garnis de coussins à fleurs confectionnés par Mme Capra, étaient disposés entre de grands bacs en bois plantés de primevères. L'endroit était paisible et accueillant.

– J'espère que Clemmy ne va pas venir ici, murmura Samantha. Sinon, bonjour les dégâts…

Jenifer observait Mme Capra, qui s'avançait pas à pas vers la truie avec son serre-groin, un nœud coulant fixé sur une barre en métal. Il fallait qu'elle passe la corde autour du museau du cochon et qu'elle la serre. Ensuite, elle pourrait guider la bête où elle voudrait, un peu comme un chien en laisse. À cette différence près que mener un porc de trois cent cinquante kilos là où il n'a pas envie d'aller n'est pas toujours facile !

Sans cesser de déraciner les carottes, Clemmy regardait Mme Capra. Celle-ci fut bientôt assez près pour la caresser. Mais, tout à coup, elle jeta le serre-groin par terre et secoua désespérément la tête.

– Je ne peux pas faire ça, soupira-t-elle.

Clémentine s'éloigna en trottinant, piétinant au passage quelques plants de basilic.

– Tu l'avais presque ! gémit Marisa.

– J'ai peur de lui faire mal, répondit sa mère.

– Mais non ! lui lança Samantha sur un ton légèrement moqueur. Clemmy ne sentira rien du tout.

Mme Capra rassembla son courage et fit un pas en direction de la truie.

Soudain, l'homme à la casquette se jeta sur Clemmy, les bras en avant, en poussant un cri strident :

– Hiiiiihaaa !

Clémentine s'écarta, et le touriste s'affala de tout son long.

– Monsieur Kesner ! s'écria Mme Capra.

Et elle s'empressa de l'aider à se relever :

– Ça va ?

– Je... je voulais la prendre par surprise.

M. Kesner cracha un peu de terre avant d'ajouter :

– J'ai vu faire ça dans un film, un jour.

Il se redressa et épousseta son pantalon,

dont les genoux étaient maculés de grosses taches marron.

– Imbécile de cochon ! bougonna-t-il.

– L'imbécile, ce n'est pas le cochon, chuchota Samantha.

– Rentrez vous changer, Monsieur Kesner, dit Mme Capra d'une voix apaisante. Je vais voir ce que je peux faire pour votre pantalon. Vous, les filles, surveillez Clemmy. Je reviens dans cinq minutes.

Samantha attendit que les adultes aient disparu à l'intérieur de la maison, puis elle se tourna vers Marisa :

– Qu'est-ce que Clemmy aime bien manger ?

– Tout.

– Elle n'a pas de préférences ?

– Pas vraiment.

– Bon, alors va chercher un seau avec un peu de nourriture.

Marisa fonça vers l'écurie. Une minute plus tard, elle était de retour, un seau blanc à la main. Samantha s'en empara et s'approcha tranquillement de la truie.

– Viens, Clemmy, dit-elle en secouant le seau. Allez, viens, ma belle !

Clémentine leva la tête et s'avança vers la fillette. Samantha recula :

– Par ici, ma grande, par ici. Le repas est servi.

Clémentine s'avança encore.

À cet instant, un porcelet surgit de derrière les rangées de tomates. Un autre émergea d'une haie.

Un sourire de satisfaction se peignit sur le visage de Samantha. Elle continua à reculer en agitant le seau.

– Quelqu'un peut aller ouvrir l'enclos ?

Jenifer courut au portillon.

Toujours à reculons, Samantha entraîna Clémentine et ses petits à travers le nouvel enclos, jusqu'à l'ancien, plus sûr. Là, elle versa le contenu du seau dans la mangeoire. En grognant de plaisir, Clemmy fourra son groin dans la nourriture. Marisa referma la porte de l'enclos.

– Bravo ! s'exclama Jenifer.

– Trois de pris, se félicita Samantha.

Marisa fit une grimace :

– Il en reste encore quatre dans la nature…

Les fillettes retournèrent dans le jardin. Jenifer repéra aussitôt deux petits cochons étendus à l'ombre d'un pin. Dès que Marisa les vit, elle se rua vers eux. Vifs comme l'éclair, les cochonnets bondirent sur leurs pattes et décampèrent.

– Doucement, souffla Jenifer.

Les deux amies attendirent qu'ils aient trouvé une nouvelle place, sous les plants de tomates. Cette fois, elles s'approchèrent à pas de loup. Les porcelets les regardaient sans bouger. Jenifer referma ses bras autour de l'un d'eux ; Marisa s'empara de l'autre.

Le cochonnet de Jenifer lui chatouillait l'oreille avec son museau. Elle le porta jusqu'à l'enclos.

De son côté, Samantha découvrit l'un des petits fuyards en train de renifler les carottes arrachées par sa mère. Elle le saisit avant qu'il n'ait pu y goûter.

Dans l'enclos, les fillettes trouvèrent la

truie couchée sur le flanc, sa progéniture accrochée à ses mamelles.

– Un, deux, trois, quatre, cinq, six, compta Marisa. Il en manque encore un. Oh, je crois que c'est Cocard.

Jenifer connaissait Cocard, le plus petit cochon de la portée, et celui qui avait le plus de personnalité. Son œil droit était auréolé d'un cercle noir. Quand il tétait, il faisait un drôle de bruit, très rigolo.

– Il faut qu'on le trouve vite, dit-elle. Il est en train de manquer l'heure de la tétée.

– Co-card ! appela Marisa. Où es-tu, mon poussin ?

Jenifer parcourut les allées du potager en regardant partout : sous les feuilles des haricots, derrière les plants d'asperge… Pas de Cocard. Samantha le cherchait sous les fauteuils du patio. Marisa secouait les arbustes des massifs. Le porcelet n'était nulle part.

Mme Capra reparut :

– Oh, vous avez fait rentrer Clemmy ! Super ! Tous les petits sont là ?

– Tous, sauf Cocard, l'informa Jenifer.

Mme Capra se joignit aux recherches. Pendant une heure, toutes quatre arpentèrent le terrain en appelant le cochonnet égaré.

Plus le temps passait, plus Jenifer s'inquiétait, désespérant de mettre la main sur lui. Elles avaient inspecté chaque centimètre carré du potager. Où donc Cocard pouvait-il se cacher ? Elle essayait de ne pas penser au pire, mais elle savait que les bébés cochons sont fragiles. Livré à lui-même, Cocard ne survivrait pas longtemps.

– Je ne comprends pas ! lâcha Marisa en s'immobilisant au milieu de la cour.

Sa voix tremblait, ses yeux brillaient de larmes contenues.

– Il n'a pas pu se volatiliser, tout de même, bredouilla-t-elle.

Sa mère lui passa un bras autour des épaules :

– J'espère qu'il n'est pas parti sur la route…

– Oh, non, maman !

À présent, Marisa pleurait pour de bon.

Mme Capra renifla. Une larme ruissela le long de sa joue.

Jenifer jeta un coup d'œil à Samantha : il fallait absolument faire quelque chose ! Et vite.

– Bon, ne perdons pas de temps, dit-elle en s'efforçant de réfléchir.

Si elle était un porcelet, où irait-elle se promener ?

– Rufus pourrait peut-être nous aider? suggéra-t-elle.

Au printemps, elle était partie à la recherche d'un puma blessé avec son grand-père et ses chiens de chasse. Il leur avait fallu du temps, mais les chiens avaient fini par flairer la trace du fauve. Avec un peu de chance, Rufus pourrait retrouver le porcelet.

– Rufus n'est pas vraiment un chien de chasse, objecta Samantha avec une moue sceptique.

– Je sais, riposta Jenifer, sur la défensive. Mais je pensais que…

– Ne vous disputez pas, les filles, intervint Mme Capra. À mon avis, ce n'est pas une bonne idée de lâcher Rufus. Nous sommes en train de faire creuser un nouveau puits. Je ne voudrais pas qu'il tombe dedans.

– Un puits ? répéta Jenifer.

Marisa courait déjà le long de la barrière. Jenifer et Samantha foncèrent derrière elle. Mme Capra les suivit à petites foulées.

– Faites attention ! Ne tombez pas, vous non plus !

Les fillettes ralentirent.

Pour l'instant, le puits n'était qu'un gros trou creusé dans le sol. Jenifer s'en approcha et se pencha prudemment au-dessus. Il y faisait noir. Elle ne voyait rien.

– Comment savoir s'il est là ? demanda Marisa.

– Il nous faudrait une lampe torche…, commença Jenifer.

– Chuut ! la coupa Samantha.

Jenifer tendit l'oreille. Un faible couinement montait de la fosse. Cocard était bel et bien tombé dans le puits !

2

Jenifer s'accroupit au bord du puits. « Pauvre Cocard, pensait-elle. Il doit avoir faim et affreusement peur, tout seul au fond de ce trou noir ! »

Y avait-il de l'eau, là-bas, sous terre ? Si c'était le cas, il devait souffrir du froid aussi. Il n'avait que deux semaines, il était beaucoup trop petit pour maintenir sa température corporelle. Il avait besoin de la chaleur de sa mère pour rester en vie, comme Rufus avait eu besoin de la chaleur de Jenifer quand il n'était qu'un bébé abandonné.

Ce qui était rassurant, en tout cas, c'est que Cocard avait encore suffisamment de force pour crier – mais cela n'allait pas durer.

– Il faut qu'on le sorte de là au plus vite ! déclara Jenifer.

Marisa et Mme Capra regardaient dans le trou avec une expression affolée. Même Samantha paraissait soucieuse.

– Comment on va faire ? demanda Marisa.

– Je pourrais peut-être descendre dans le puits, avança Samantha d'une voix incertaine.

– Il n'en est pas question ! déclara Mme Capra fermement.

Elle croisa les bras sur sa poitrine et pinça les lèvres avant d'ajouter :

– Personne ne descend dans le puits.

– Il n'est pas si profond, insista Samantha.

– Il n'est pas non plus très large, fit remarquer Jenifer. Tu risquerais de te coincer. Cherchons une autre solution.

Pendant un instant, personne ne dit plus rien. Les fronts se plissèrent. Tout le monde se creusait la cervelle.

Ce fut Samantha qui rompit le silence :

– Si on essayait de le prendre au lasso ?

Jenifer fronça les sourcils. Elle ne s'était jamais servie d'un lasso. Serait-il possible d'attraper un si petit animal ?

– Je ne vois pas trop comment on va lancer la corde au fond du trou, dit-elle.

– Et si on tentait le coup avec le serre-groin ? proposa Mme Capra.

– Le manche n'est pas assez long, objecta Marisa.

– Téléphonons à Tante Anya, décida Jenifer.

C'était sa solution de secours lorsqu'elle ne savait pas comment s'occuper elle-même d'une bête blessée ou malade.

Anya, la tante de Jenifer, était l'unique vétérinaire de la petite ville de Gateway. Elle soignait les vaches et les moutons des fermiers, les chats, les chiens, les chevaux et les chèvres de tout le monde, parfois aussi des bêtes sauvages, comme des chouettes ou des loutres, par exemple.

Jenifer voulait, elle aussi, devenir vétérinaire quand elle serait grande. C'est pourquoi elle passait tout son temps libre à la clinique de sa tante, l'endroit qu'elle aimait le plus au monde.

– Tiens, appelle-la de mon portable, dit Mme Capra en sortant un appareil ultraplat de sa poche.

Jenifer s'assit dans l'herbe et composa le numéro de la clinique. À l'autre bout de la ligne, la tonalité retentit. Une sonnerie. Deux…

– Pourvu qu'elle soit là, murmura-t-elle.

– Clinique vétérinaire, j'écoute, annonça Anya d'une voix professionnelle.

Rien que de l'entendre, Jenifer se sentit rassérénée.

– Bonjour, Tante Anya.

– Salut, Jenifer. Ça tombe bien que tu m'appelles.

Anya parlait toujours très vite, probablement parce qu'elle était souvent en train de faire deux choses à la fois.

– Norma va rentrer tard, ce soir, poursuivit-elle. Elle a un problème au boulot.

Norma, la mère de Jenifer et la sœur jumelle d'Anya, était biologiste. Elle étudiait la faune de Goldenrock, l'immense parc national qui entourait Gateway.

En été, les touristes y affluaient. Chaque jour, des milliers de visiteurs se promenaient dans la réserve naturelle. Immanquablement, il survenait des incidents. Des enfants se perdaient ; des camping-cars s'enlisaient dans la boue ; des animaux sauvages s'aventuraient sur les terrains de camping. Jenifer avait l'habitude que sa mère soit retenue au travail.

– Quel genre de problème ? s'enquit-elle.

– Avec les loups, répondit Anya. Le collier radio de Roméo émet des signaux inquiétants.

Le cœur de la fillette fit un bond.

– Le signal de détresse ?

– Oui, quand l'animal n'a pas bougé depuis une heure son collier envoie des bips spéciaux.

Jenifer sentit l'angoisse lui étreindre la gorge.

Les loups étaient très importants pour elle. Quelques mois plus tôt, une meute sauvage de loups gris avait été réintroduite à Goldenrock. Les biologistes les avaient tous équipés d'un collier avec un petit émetteur radio incrusté dans le cuir. Chaque collier émettait un signal distinctif. Norma et ses collègues captaient les signaux : ils collectaient ainsi des informations sur le comportement des bêtes.

Toutes les données étaient intéressantes, car ils cherchaient à comprendre le mode de vie des loups, qui avaient été complètement exterminés de l'Ouest américain soixante-dix ans auparavant.

Il avait fallu livrer une bataille sans relâche pour obtenir l'autorisation de réintroduire les loups à Goldenrock. Anya et Norma avaient commencé à militer pour cette cause bien avant la naissance de Jenifer. De même que Jack, son père. En fait, ses parents s'étaient rencontrés lors d'un meeting des « pro-loups » sur le campus de l'université du Montana, quand ils étaient tous deux étudiants.

Jenifer s'était jointe au combat à l'âge de

sept ans. Avec sa sœur aînée, Cora, elle avait fondé une association, Les Enfants en faveur des loups. Elles avaient organisé des manifestations pour montrer aux politiciens et aux journalistes que les jeunes souhaitaient le retour des loups dans le parc national. Car les loups, qui étaient dans la région bien avant les hommes, avaient été chassés de leur territoire pour protéger les troupeaux. Il était normal de réparer les erreurs commises dans le passé.

À présent, le combat était terminé. Jenifer, sa famille et ceux qui partageaient les mêmes idées avaient enfin réussi à ramener les loups dans le parc. Voilà pourquoi Jenifer se sentait personnellement responsable d'eux.

– Roméo est mort ? demanda-t-elle d'une petite voix, les mains tremblantes.

De tous les loups, il était son préféré. C'était Cora qui lui avait donné le nom de Roméo, en référence à *Roméo et Juliette*, la célèbre pièce de Shakespeare, qu'elle avait étudiée au collège, l'histoire d'un jeune homme et d'une jeune femme *terriblement* amoureux l'un de l'autre.

Roméo avait été ainsi baptisé lorsque Norma et ses collègues lui avaient arrangé un « rendez-vous galant ». Les biologistes redoutaient qu'il ne fasse du mal à la femelle qu'ils avaient choisie pour lui. Mais ça avait été le coup de foudre instantané ! Évidemment, Cora avait appelé la compagne de Roméo… Juliette.

Jenifer frissonna à l'idée que Roméo puisse être mort.

– Je ne pense pas, répondit vivement Anya. Il a dû perdre son collier. Norma et Mack sont en train de le chercher.

Jenifer connaissait bien Mack : il travaillait au parc national avec Norma.

La fillette se sentit rassurée. Anya ne prétendrait pas que Roméo avait perdu son collier si elle savait qu'il lui était arrivé quelque chose de grave.

– Hé !… Les cris de Cocard deviennent de plus en plus faibles, chuchota Marisa en tapotant la jambe de sa copine.

Jenifer se força à reléguer Roméo à l'arrière de ses pensées. Ce n'était pas le moment de se faire du souci pour lui. Dans l'immédiat, il fallait s'occuper de Cocard. Elle exposa brièvement la situation à sa tante.

– Essayez de faire descendre de la pâtée dans le puits, suggéra Anya. Mettez-en un peu dans un seau, mais pas trop. Le but de la manœuvre est de faire grimper le cochon dans le seau. S'il y a trop de nourriture, il risque de se noyer dedans.

– D'accord, Anya, fit Jenifer en souriant.

L'idée de sa tante lui paraissait bonne.

– Dépêchez-vous, ajouta Anya. Ça ne marchera pas si le porcelet n'a plus assez d'énergie pour manger. Et c'est ce qui ne va pas tarder à se passer s'il se refroidit. Il y a de l'eau dans le puits ?

– Je n'en sais rien.

– Espérons que non. Oh, ça sonne sur l'autre ligne. Rappelle-moi si vous avez besoin de moi !

Jenifer coupa la communication. Marisa, Samantha et Mme Capra étaient suspendues à ses lèvres. Elle leur répéta les conseils d'Anya.

Marisa et sa mère se précipitèrent dans l'écurie, d'où elles revinrent bientôt avec un seau et un rouleau de corde.

– Laissez-moi attacher le seau, proposa Samantha. Je sais faire de bons nœuds.

Tout le monde l'observa tandis qu'elle enroulait la corde autour de l'anse. Jenifer remarqua que Mme Capra se mordait la lèvre. Marisa fronçait ses épais sourcils noirs. La mère et la fille semblaient sur le point de s'évanouir.

– Ça va marcher, leur assura Jenifer.

Samantha lui tendit le seau :

– Bonne chance.

Jenifer avala nerveusement sa salive. Elle n'avait pas pensé que ce serait à elle d'accomplir la délicate mission de hisser Cocard hors du puits.

Mais il fallait bien que quelqu'un se dévoue…

Elle s'allongea à plat ventre et fit doucement descendre le seau au fond du trou, en lâchant peu à peu la corde, une main après l'autre. Surtout, pas de précipitation ! Elle ne savait pas quelle était la profondeur de la fosse, et elle ne voulait pas assommer le cochonnet.

Soudain, elle sentit du jeu dans la corde.

– Je suis au fond, annonça-t-elle en tournant la tête vers les autres.

– On n’entend plus Cocard, dit Marisa, de nouveau au bord des larmes.

– Laissons-lui le temps de s’apercevoir qu’il a de la pâtée sous le nez, répondit Jenifer.

Elle ne précisa pas qu’il était possible que Cocard n’ait même plus la force de manger. Elle l’imagina étendu près du seau, trop affaibli pour se lever.

« Un, un et demi, deux, compta-t-elle en silence. Deux et demi, trois... » et ainsi de suite jusqu’à soixante. Elle ignorait ce qui se passait au fond du puits. Il y faisait trop sombre pour qu’elle puisse distinguer quoi que ce soit, et aucun bruit n’en montait.

– Allons-y.

Elle prit une profonde inspiration et commença à hisser le seau. Elle sut tout de suite que le porcelet n'était pas dedans. La charge était trop légère.

– Tu l'as ? s'enquit Mme Capra.

– Je ne…

Le seau apparut. Sans Cocard. Tout le monde gémit de déception.

– Réessaie, dit Marisa.

Jenifer hocha la tête. De nouveau, elle fit lentement descendre le seau. Et se remit à compter. Elle en était à trente-trois lorsque Samantha déclara :

– J'ai entendu quelque chose. Quelque chose qui pourrait bien ressembler à un grattement de sabots contre du plastique.

– Cocard monte dans le seau ? demanda Mme Capra, pleine d'espoir.

Jenifer hissa aussitôt la corde. Cette fois, le seau était plus lourd. Son cœur battait à tout rompre.

– Il me semble que… Oh, zut !

– Quoi ? lança Samantha.

– Je crois que Cocard a sauté. Ou qu'il est tombé. Le seau ne pèse plus rien, d'un coup.

– Redescends-le et laisse-le en bas plus longtemps, lui conseilla Samantha. Et, quand tu le remonteras, tire-le le plus vite possible, que Cocard n'ait pas le temps de nous faire faux bond.

– D'accord.

Jenifer recommença l'opération, et tendit l'oreille. Cocard ne faisait plus aucun bruit.

– Allez, ramène-le, ramène-le ! supplia Marisa. Je vais devenir folle !

Jenifer tira sur la corde, et sentit aussitôt que le cochonnet était dans le seau. Elle le remonta aussi rapidement qu'elle le pouvait. Cocard était bien dedans, calé sur le côté contre la paroi de plastique, un œil maculé de pâtée.

Jenifer éclata de rire. Marisa prit le porcelet dans ses bras.

– Vilain garçon ! le sermonna-t-elle avec affection.

Jenifer s'assit dans l'herbe en soupirant. Tout était bien qui finissait bien ! Mme Capra lui tapota l'épaule. Marisa la gratifia d'un grand sourire.

Puis les fillettes se bousculèrent pour caresser Cocard. Mme Capra embrassa le bout de son groin rose.

Plus raisonnable que les autres, Samantha mit soudain fin à ces effusions.

– Rapportons-le à sa mère, proposa-t-elle. Il n'a rien mangé depuis un bon moment.

Le sourire de Mme Capra s'effaça :

– Tu as raison. Il doit être affamé ! Il ne risque pas de mourir, j'espère, après ce traumatisme ?

– S'il a de l'appétit, c'est qu'il est en pleine forme, lui assura Samantha.

Mme Capra écarta les bras.

– Viens vite rejoindre maman, mon Cocard chéri, dit-elle en lui parlant comme à un bébé. Viens vite remplir ton petit ventre.

Marisa et sa mère s'élancèrent vers l'enclos. Deux minutes plus tard, Cocard se frayait un passage au milieu de ses frères et sœurs pour accéder aux mamelles de Clemmy. Dès qu'il eut trouvé une place, il se mit à téter goulûment.

Jenifer sourit en entendant le drôle de bruit qu'il faisait.

– Il a l'air de bien aller, constata-t-elle.

Samantha hocha la tête :

– Quand l'appétit va, tout va !

Mme Capra regardait le porcelet fixement :

– On dirait qu'il a une écorchure sur le dos. Là… vous voyez ?

Jenifer observa les cochonnets. Ils étaient serrés les uns contre les autres, accrochés deux par deux aux tétines de leur mère. Cocard était difficile à voir, car l'un de ses frères était vautré sur lui.

– Une minuscule égratignure, oui, peut-être…, fit-elle d'un ton incertain.

Mme Capra inclina la tête, comme si elle était en train de prendre une décision importante :

– Dès qu'il aura fini de manger, je l'emmènerai chez ta tante. Je ne voudrais pas que cette blessure s'infecte.

– On pourrait la nettoyer avec un peu de teinture d'iode, suggéra Samantha. Ce n'est pas la peine de payer une consultation à la clinique.

– L'argent n'est pas un problème, déclara Mme Capra.

– Oui, mieux vaut prévenir que guérir, renchérit Marisa.

Samantha se pencha vers Jenifer.

– Telle mère, telle fille, lui chuchota-t-elle.

Les deux amies échangèrent un sourire complice.

Jenifer était sûre à 99,9 % que Cocard n'avait rien. Elle comprenait néanmoins que Mme Capra ait besoin qu'Anya la rassure. Elle courut chercher son chiot.

Lorsque Cocard fut repu, Marisa pénétra dans l'enclos et le prit dans ses bras. Puis tout le monde s'installa dans le pick-up de Mme Capra. Marisa tenait le porcelet sur ses genoux. Rufus était couché sur ceux de sa maîtresse. La baignade du matin avait enfin eu raison de lui. Jenifer l'avait trouvé endormi quand elle était allée le chercher dans la stalle de Daisy. Il n'était pas encore bien réveillé.

Le trajet jusqu'à la ville ne dura pas longtemps.

– Tiens, tiens... Il se passe quelque chose, ici, observa Samantha lorsque Mme Capra ralentit devant la clinique.

Un camion de télé stationnait sur la pelouse. Un homme portant une énorme caméra sur l'épaule discutait avec une femme en tailleur.

– Des reporters, chuchota Samantha.

Une jeep verte des parcs nationaux était rangée juste devant la clinique, à côté d'une voiture de patrouille des services du shérif, garée en double file. Un peu plus bas dans la rue, on apercevait deux berlines blanches aux portières marquées du macaron de Fish and Wildlife*.

Le cœur de Jenifer se mit à tambouriner. Tout cela n'annonçait rien de bon !

---

*Aux États-Unis, agence gouvernementale chargée de la protection des espèces en voie de disparition (N.d.T.).

3

– Je peux descendre ? demanda Jenifer.

– Bien sûr, répondit Mme Capra. Je vais me garer plus loin ; et nous te rejoignons.

La fillette sortit du pick-up. Rufus dans les bras, elle remonta l'allée de la clinique en passant devant les reporters.

La petite salle d'attente était pleine à craquer, et les gens qui étaient là ne ressemblaient pas aux clients habituels d'Anya. Pour commencer, aucun n'avait d'animal. Ils tournèrent tous la tête à l'arrivée de Jenifer.

Rose, l'adjointe du shérif, lui fit un signe de la main. C'était elle qui avait découvert Rufus sur l'aire de repos au début du printemps. Jenifer lui rendit son salut et traversa rapidement la pièce pour se rendre dans le bureau de sa tante. Personne. Elle y enferma Rufus.

Des voix étouffées lui parvenaient de l'une des salles d'examen, au fond du couloir. Elle alla discrètement se poster devant la porte.

Anya, Norma et Mack se tenaient autour de la table d'auscultation, tous les trois en sarrau bleu de chirurgien. Ils parlaient à voix basse.

La scène avait quelque chose d'inquiétant. Ils étaient étrangement figés. Leurs mains ne bougeaient pas. Ils n'étaient pas en train d'opérer.

Les trois adultes étaient si concentrés qu'aucun ne remarqua Jenifer lorsqu'elle s'avança vers eux. À présent, elle voyait l'animal étendu sur la table : un loup, qu'elle reconnut immédiatement. Roméo !

Son cœur se serra : il lui était arrivé quelque chose de grave ! Norma ne l'aurait pas emmené à la clinique pour une broutille.

Pourtant, Roméo ne paraissait pas malade. Même couché dans ce lieu où il n'aurait jamais dû se trouver, il dégageait une impression de puissance. Il était toujours aussi beau et majestueux. Son épais pelage gris foncé brillait sous la lumière crue des ampoules. Sa tête et ses pattes semblaient presque trop grosses, comme si elles avaient grandi plus vite que le reste de son corps.

Seul détail alarmant, il était complètement immobile. Anormalement inerte. Pas même un tressaillement de muscle comme en ont les bêtes anesthésiées. Rien.

Jenifer sentit son sang se glacer. Pourquoi Roméo était-il là ? « Faites qu'il ne soit pas mort », pria-t-elle en silence.

– Maman ?

Toutes les têtes se tournèrent vers elle.

– Jenifer..., fit Norma. Depuis quand es-tu là ?

– Je viens juste d'arriver.

La fillette s'apprêtait à demander à sa mère si Roméo était mort, mais elle comprit, à l'expression de son visage, qu'il était inutile de poser la question. Norma avait les yeux rouges et gonflés. Elle avait pleuré. S'il y avait eu le moindre espoir de sauver le loup, elle ne se serait pas permis de craquer. Elle aurait gardé la tête froide pour faire le nécessaire.

Jenifer avait l'impression qu'on venait de lui déposer une enclume sur la poitrine. Roméo était mort. C'était trop horrible pour être vrai.

En sentant une présence dans son dos, elle jeta un coup d'œil par-dessus son épaule. L'adjointe du shérif était là, accompagnée d'un homme en T-shirt et jean noirs, qui portait un revolver à la ceinture, glissé dans un holster en cuir.

La fillette s'écarta d'un pas, intimidée. Ce type avait une allure impressionnante, un regard perçant qui vous mettait au défi de mentir.

Rose se racla la gorge.

– Voici l'agent spécial Pete Morehouse, de Fish and Wildlife, dit-elle.

– Nous pouvons entrer ?

L'agent spécial avait une voix sèche et ferme, un peu comme celle d'un proviseur.

– J'aimerais vous poser quelques questions, déclara-t-il.

– Bien sûr, fit Mack.

Morehouse et l'adjointe du shérif pénétrèrent dans la salle d'examen et sortirent tous deux de leur poche calepin et stylo. Puis l'agent commença son interrogatoire. Au fil des questions et des réponses, Jenifer apprenait, horrifiée, ce qui était arrivé à Roméo.

En se repérant grâce aux signaux émis par le collier du loup, Mack et Norma avaient découvert Roméo dans un étroit défilé du Mont Edna. Il était encore vivant, mais il avait reçu deux balles et perdu beaucoup de sang. Le transporter à la clinique n'avait pas été une mince affaire. Il avait fallu le charger dans un hélicoptère. Malheureusement, tous ces efforts avaient été vains. En arrivant en ville, tout était fini. Roméo avait rendu son dernier souffle pendant le vol.

L'agent spécial Morehouse referma son carnet.

– Nous allons l'emporter, dit-il en désignant le loup. Je crains qu'il ne constitue notre seule pièce à conviction. Un de mes hommes va venir le chercher.

– Nous retrouverons le coupable, assura Rose à Norma en lui serrant la main.

– Merci, répondit la mère de Jenifer d'une voix sans timbre.

La fillette se retint de hausser les épaules. Rose avait certes de bonnes intentions, mais, même si on punissait celui qui avait tué Roméo, le loup ne reviendrait pas à la vie.

Anya se frotta les yeux en soupirant.

– Et le porcelet ? s'enquit-elle.

Cocard… Jenifer l'avait presque oublié. Elle se força à sourire :

– Nous avons réussi à le sortir du puits. Mais Mme Capra se fait du souci parce qu'il s'est écorché le dos. Elle te l'a amené.

– O.K., je vais l'examiner.

– Bon… Moi, je vous laisse, dit Mack. Je vais aller faire un tour. Marcher me changera un peu les idées.

Il paraissait nerveux, et pressé de quitter la clinique.

– À plus, Mack, lui lança Norma sans le regarder.

Elle fixait Roméo d'un regard absent.

– Salut, Jenifer, fit Mack en franchissant la porte.

Quand il eut disparu, la fillette s'approcha de sa mère et lui passa les bras autour de la taille :

– Ça va, maman ?

Norma mit un moment à répondre :

– Tant d'années… Tant d'années de combat pour obtenir l'autorisation de réintroduire les loups. Et tout ça pour quoi ? Les anti-loups vont finir par nous prouver qu'ils sont les plus forts. Ils vont éliminer nos animaux un à un.

La voix de Norma s'étrangla. Des larmes inondèrent les yeux de Jenifer. De voir sa mère pleurer lui était insupportable. En proie à une terrible angoisse, elle se sentait vulnérable. Norma était si forte, d'ordinaire.

– Est-ce qu'ils ont aussi essayé de tuer Juliette ?

– Non, mais les signaux de son collier semblent indiquer qu'elle se terre dans une tanière.

Jenifer eut un mouvement de surprise :

– Ça veut dire qu'elle va avoir des petits ?

Sa mère hocha la tête. La fillette n'en revenait pas. Malgré sa tristesse, elle se sentit submergée par une vague d'enthousiasme.

Les scientifiques qui avaient pris part au projet de réintroduction se demandaient quand ils assisteraient à des naissances. Et tous pensaient que ce ne serait pas pour cette année. Ils étaient certains que le fait d'avoir été transportés du Canada dans le Montana avait causé aux loups un choc trop grand pour qu'ils aient envie de se reproduire.

Que Juliette eût peut-être mis bas était une excellente nouvelle. Or Norma ne semblait pas s'en réjouir.

– Tu n'es pas contente ? demanda Jenifer.

Sa mère sourit tristement :

– Je suis surtout inquiète. Il ne faut pas que la rumeur se répande. N'en parle à personne.

– Pourquoi ?

– Parce que Juliette et ses bébés – si bébés il y a – sont en danger.

– Tu penses que quelqu'un pourrait essayer de tuer les louveteaux ?

Jenifer avait du mal à croire que l'on puisse être capable de commettre un acte aussi cruel.

– Oui. Ou Juliette. Et puis il y a un autre problème. Tu sais, n'est-ce pas, que les loups mâles participent à l'éducation de leurs petits ? L'un des parents surveille les jeunes pendant que l'autre part à la chasse. Sans Roméo, Juliette va être obligée de laisser ses petits tout seuls…

– Si elle en a.

– Si elle en a, oui. C'est vrai que nous ne sommes encore sûrs de rien. En tout cas, des nouveau-nés privés de leur mère constituent une proie idéale pour les prédateurs.

– Y compris pour les prédateurs humains.

– Tout à fait.

À présent, Jenifer comprenait mieux pourquoi sa mère était inquiète. Elle sursauta lorsque sa tante apparut sur le pas de la porte. Anya avait l'air lasse et tendue.

– Cocard est blessé ? lui demanda Jenifer.

– Non, non, il va très bien. Mais ce n'est pas le cas de Marisa et de Mme Capra. Un des journalistes leur a annoncé la mort de Roméo. Elles sont en train de pleurer comme des madeleines dans la salle d'attente. Samantha n'en pouvait plus, elle est rentrée chez elle à pied.

– Tu vas avoir du mal à te débarrasser d'elles, plaisanta Norma.

– Ce n'est rien de le dire, renchérit Jenifer.

Norma et Anya sourirent. Elle les imita ; mais, au fond, elle aurait bien aimé laisser libre cours à son chagrin, elle aussi. Et elle savait que sa mère et sa tante se forçaient, comme elle, à détendre l'atmosphère.

4

Jenifer était en train de s'habiller, le lendemain matin, quand on sonna à la porte.

– Cora, tu y vas ? cria-t-elle.

Pas de réponse.

Mince... Elle avait oublié que sa sœur était partie assister à un rodéo avec sa meilleure amie.

Elle enfila un T-shirt et, pieds nus, dévala les escaliers pour aller ouvrir. Jared, un garçon qui était dans sa classe l'année précédente, se tenait sur le perron. Ses cheveux étaient en bataille, il avait une expression affolée.

À peine Jenifer eut-elle tiré la porte qu'il s'engouffra dans le couloir.

– On a besoin de toi ! s'écria-t-il.

– Qui ça, « on » ?

Il brandit un grand sachet de congélation rempli d'eau, où flottait un poisson rouge qui jetait des reflets orange vif à travers le plastique. Jenifer eut l'impression que le poisson la fixait de son œil noir.

– Il s'est fait attaquer par Smokey !

Jared ne tenait pas en place. On aurait dit qu'il avait avalé une pile électrique.

– Qui est Smokey ?

– Le chat des voisins ! Il a plongé la patte dans le bassin et il a attrapé le poisson rouge. Je l'ai vu ! Après, il l'a abandonné dans l'herbe. Pourquoi il l'a attrapé, si ce n'était même pas pour le manger ?

Jared était furieux.

– Le poisson est blessé ?

– À ton avis ? Tu crois que le chat lui a planté ses griffes dans le corps sans lui faire mal ?

Jenifer examina le poisson rouge attentivement. En effet, son flanc était tailladé. Des lambeaux de chair pendaient de la coupure, qui ne saignait pas, mais paraissait assez profonde.

– J'ai téléphoné à l'animalerie, poursuivit Jared, très énervé. La vendeuse m'a dit que, si c'était son heure, il allait partir au paradis des poissons. Vachement marrant ! Ha, ha !

Les deux enfants étaient toujours debout dans le couloir. Jenifer referma la porte et entraîna son camarade dans la cuisine.

– Appelons Anya, suggéra-t-elle.

– J'ai déjà téléphoné à la clinique, dit Jared, mais ça ne répondait pas. C'est pour ça que je suis venu chez toi.

Il se laissa tomber sur une chaise et posa le sac sur la table. Celui-ci s'aplatit, mais ne s'ouvrit pas.

– Ça ne m'étonne pas. Elle devait aller décorner les veaux du Quick Silver Ranch aujourd'hui.

Jenifer savait que décorner les veaux était un travail qui exigeait une concentration totale. Le plus délicat était de séparer les veaux de leur mère, alors qu'ils n'étaient âgés que de quelques jours. En général, les vaches ne protestaient pas, mais il arrivait que certaines se rebiffent. Et, quand une vache de trois cents kilos se met en colère, il n'est pas conseillé de lui tourner le dos…

Jenifer décrocha le combiné du téléphone et composa le numéro du portable de sa tante. Au bout de trois sonneries, la messagerie s'enclencha. «*Bonjour, votre correspondant n'est pas disponible pour le moment...* »

Jenifer attendit la fin de l'annonce pré-enregistrée, puis laissa un message urgent à propos du poisson rouge.

– Je suis sûre qu'elle ne va pas tarder à nous rappeler, dit-elle après avoir raccroché.

Jared observait son protégé :

– Je ne sais pas s'il peut attendre. Il a du mal à respirer.

– À quoi vois-tu cela ? demanda Jenifer en s'approchant.

Jared avait raison. Les ouïes du poisson restaient ouvertes trop longtemps. Il avait également la bouche entrouverte, comme s'il cherchait son souffle.

– Vite ! fit Jared en bondissant sur ses pieds. Il faut faire quelque chose !

– Mais quoi ?

Le père de Jenifer entra dans la cuisine, une tasse vide à la main, l'air hagard. Il avait toujours cette tête quand il passait de longues heures à écrire. Il se dirigea droit vers la cafetière et saisit le pot en verre.

– Salut, les jeunes ! lança-t-il. Qu'est-ce que vous faites de beau ?

– On essaie de sauver un poisson. Vous vous y connaissez, en poissons ?

– Jared, mon père est journaliste. C'est la seule personne de la famille qui ne sait rien des animaux.

– Je fais de la recherche, tout de même, protesta Jack sur un ton offensé.

– C'est vrai…

Jenifer ne voyait pas vraiment le rapport entre la recherche et les animaux, mais elle regrettait d'avoir vexé son père.

– Vous n'avez qu'à regarder sur Internet,

suggéra celui-ci. Je vous prête mon ordinateur. Une pause me fera le plus grand bien.

Jared se rua vers la porte :

– Allons-y !

– Emporte le poisson, lui dit Jenifer. Il faut qu'on le surveille.

Les deux enfants s'installèrent dans le bureau. Jared posa le poisson rouge à côté du moniteur. Son état semblait stable.

Jenifer lança le logiciel de navigation, puis tapa dans le champ du moteur de recherche : « poisson rouge » et « blessure ».

– Deux mille soixante-quatre pages ! s'exclama Jared quand l'ordinateur eut terminé ses recherches. On en a jusqu'à la fin de la semaine pour éplucher tout ça !

– Alors, ne perdons pas de temps. Commençons tout de suite.

Jenifer cliqua sur le lien de la première adresse Web. L'ordinateur se mit à ronronner. « Connexion au serveur http… »

Quand la page s'afficha enfin, il s'avéra qu'il s'agissait du site personnel d'une femme qui avait mis en ligne les photos de ses trois poissons rouges – en parfaite santé. C'était elle qui était blessée. Elle avait une fracture du bras.

– Laisse tomber ! bougonna Jared. On ne trouvera rien.

Jenifer cliqua sur la deuxième adresse de la liste. Des images se dessinèrent aussitôt à l'écran.

– Génial ! s'écria Jared.

Le site sur lequel ils étaient tombés correspondait exactement à ce qu'il leur fallait. Toutes les blessures dont les poissons d'aquarium pouvaient être atteints y étaient décrites en détail.

– J'imprime, déclara Jenifer en cliquant sur une icône.

L'imprimante se mit en marche, et les pages commencèrent à en sortir. Jenifer les rassembla.

Jared s'empara du sac.

– Où allons-nous le soigner ? demanda-t-il.

– Sur la table de la cuisine. On peut, papa ?

– Pas de problème.

Jenifer énuméra le matériel nécessaire :

– Une écumoire, un grand saladier, de la pommade antibiotique, un chronomètre…

– Je m'occupe de ce qui est dans la cuisine, proposa Jared.

– Tiens, prends la liste. Moi, je vais chercher mon radio-réveil.

– On a aussi besoin d'une serviette, non ? lança Jared. Où est-ce que je peux en trouver une ?

– Dans la buanderie.

Les deux enfants foncèrent dans des directions différentes. Quelques minutes plus tard, ils étaient de retour dans la cuisine. Jenifer s'assura qu'ils avaient préparé tout le matériel mentionné sur la liste.

– Je crois que nous avons ce qu'il faut, déclara-t-elle.

– Je règle l'alarme pour qu'elle sonne dans soixante secondes, lui dit Jared. L'opération ne doit pas durer plus d'une minute, sinon le poisson mourra par manque d'oxygène.

– Je sais, répliqua Jenifer d’une voix tendue.

– Bon, tu es prête ?

– Prête.

– À vos marques, prêts, partez ! cria-t-il en pressant le bouton du radio-réveil.

5

Jared ouvrit le sac, en retira le poisson rouge à l'aide de l'écumoire et le déposa sur la serviette que Jenifer avait humidifiée et étalée sur la table.

La fillette s'efforçait d'être calme. Anya était toujours calme quand elle opérait. Toujours. Il régnait un tel silence dans la cuisine qu'on entendait le tic-tac de l'horloge. Tic-tac. Tic-tac.

« Concentre-toi, se dit-elle. C'est une question de vie ou de mort ! » Bien sûr, ce n'était qu'un poisson rouge, mais il méritait qu'on lui vienne en aide. Il semblait dans une si grande détresse, le pauvre – ou *la* pauvre, comment savoir ? – surtout maintenant qu'il était hors de l'eau ! Ses ouïes s'ouvraient et se fermaient en pure perte. Et il dardait son œil noir sur la fillette.

De plus, Jared tenait à tout prix à sauver ce poisson. Jenifer ne voulait pas le décevoir.

Elle prit un coton-tige et l'imbiba de pommade antibiotique, qu'elle appliqua délicatement sur la profonde entaille qui parcourait les écailles du poisson. Sur le site Internet, il était marqué que c'était ce qu'il fallait faire afin que la blessure ne s'infecte pas.

– Voilà, j'ai fini.

– Et de l'autre côté, tu ne fais rien ?

– Qu'est-ce qu'il a de l'autre côté ?

– Une coupure, aussi.

Jenifer regarda le radio-réveil. Il lui restait vingt secondes.

– Comment on fait pour le retourner ? demanda-t-elle.

– Tu veux que je te passe une spatule ? proposa Jack, qui assistait à l'opération.

– Non ! se récria Jared. Ce n'est pas un poisson pané. Laissez-moi faire.

Le garçon attrapa un bord de la serviette et fit sauter le poisson, qui se retourna.

Il avait effectivement une vilaine plaie juste au-dessous de la nageoire pectorale. Jenifer remit de la pommade sur le coton-tige et en badigeonna la blessure.

– Cinq secondes, la prévint son père.

Elle rassembla les quatre coins de la serviette et fit glisser le poisson dans le saladier. Il tomba dans l'eau avec un *splash* et commença à couler.

– Oh, non ! gémit Jared.

– Il n'a pas l'air en grande forme, commenta Jack.

Jenifer observait en silence le poisson, qui restait immobile au fond du saladier.

– Il est mort ? murmura Jack.

– Je ne pense pas, répondit Jared. Regardez, ses ouïes bougent.

Effectivement, en regardant avec attention, Jenifer vit les ouïes du poisson s'ouvrir et se refermer très lentement, comme si elles frémissaient sous l'effet d'une légère brise.

– Je crois qu'il est en état de choc, dit-elle.

– À cause de l'attaque du chat ? demanda Jared.

– Peut-être. Ou peut-être parce que nous l'avons laissé trop longtemps hors de l'eau.

– Pourquoi ne le réanimes-tu pas ? lança Jack.

– Comment ? demanda Jenifer.

– Suis les instructions qu'il y a là-dessus, lui répondit son père en brandissant les pages imprimées. Tout est là, noir sur blanc.

– O.K. Que dois-je faire, alors ?

– « Attrapez le poisson à l'aide du filet », lut Jack.

– Papa, nous n'avons pas de filet !

– Improvise ! Notre ami est en train de crever !

– Avec l'écumoire, suggéra Jared.

– D'accord, acquiesça Jenifer nerveusement.

– Attrapez le poisson à l'aide du filet, répéta Jack. Ou de l'écumoire.

Jenifer tendit l'ustensile à Jared :

– Vas-y, toi. J'ai l'impression que ce poisson ne m'aime pas.

Le garçon prit l'écumoire et la glissa sous le poisson.

– « Amenez le poisson à la surface de l'aquarium », continua Jack. Euh… à la surface du saladier.

Jared souleva doucement le poisson.

– « Agitez délicatement le filet d'avant en arrière, de façon que l'eau lui balaie les ouïes. »

Jared remua lentement l'écumoire. On aurait dit un magicien activant sa baguette magique au-dessus d'un chapeau haut de forme.

Jenifer se pencha par-dessus l'épaule de son camarade. Le poisson rouge ne bougeait pas.

– Et maintenant on fait quoi ? lança-t-elle à son père.

– Nous sommes censés procéder ainsi pendant cinq minutes, jusqu'à ce que notre patient donne signe de vie, lui répondit-il.

– Et s'il ne va pas mieux au bout de cinq minutes ? s'inquiéta Jenifer.

Le poisson avait l'air en piteux état. Il lui semblait que sa couleur avait terni. Mais peut-être n'était-ce qu'une impression…

– Ne perdons pas espoir, dit Jack.

– Écoutez, fit Jared. Même s'il meurt, je veux pouvoir me dire que j'ai fait tout mon possible pour le secourir.

Jack lui posa une main sur l'épaule.

– Alors, continue à agiter l'écumoire. Nous te dirons quand les cinq minutes seront écoulées.

Cinq minutes, ce n'est pas long. Quand on fait quelque chose d'agréable, comme regarder un bon film, on ne les voit pas passer. Mais Jenifer avait l'impression d'être dans la cuisine depuis des heures. D'autant plus que le poisson ne présentait aucun signe de retour à la vie. Il gisait inanimé dans l'écumoire, un peu terne.

– Cinq minutes, annonça Jack.

– Ouf, soupira Jared. Ce n'est pas trop tôt ! Je commençais à avoir des crampes.

Jenifer retint sa respiration tandis que le garçonnet replongeait l'écumoire dans l'eau. Aussitôt, le poisson coula à pic. Il demeura quelques secondes au fond du saladier, puis Jenifer vit l'une de ses nageoires latérales remuer. Le poisson se déplaça de quelques millimètres. Une autre nageoire se mit en mouvement. Il avança encore un peu.

– Il nage ! s'extasia Jared.

À l'instant même où il prononçait ces mots, la nageoire dorsale du poisson ondula. À présent, il faisait le tour du saladier à bonne allure.

Jenifer gratifia son camarade d'un grand sourire.

– Bravo, le félicita-t-elle. Tu l'as ressuscité.

– Je sais, répliqua Jared avec une mine réjouie.

Tout à coup, son visage se rembrunit.

– Je peux le laisser ici jusqu'à demain ? demanda-t-il. Il a besoin de repos. Et il faut que je me dépêche de rentrer chez moi.

– Pourquoi ? lui lança Jenifer. Tu as oublié de donner à manger à Harley ?

Harley était l'iguane de Jared. Avant, c'était l'iguane de la classe, mais il était tombé malade, et Anya avait convaincu Jared de l'adopter, parce qu'elle pensait qu'une école n'était pas l'environnement idéal pour un reptile.

– Pas du tout ! riposta Jared.

Il semblait blessé par la remarque de Jenifer. Pourtant, il aurait dû savoir qu'elle plaisantait.

– Pourquoi es-tu si pressé, alors ?

– Il faut que j'aille dire au voisin de mettre un grillage sur son bassin. Je ne veux pas revivre un cauchemar pareil.

Un sourire étira les lèvres de Jack.

– Tu es d'accord, papa, pour qu'on le garde jusqu'à demain ? demanda Jenifer.

– Bien sûr, acquiesça son père en versant du café dans sa tasse.

Il ajouta du lait et du sucre.

– Merci. À bientôt ! s'écria Jared en quittant la cuisine.

– Ne range pas le lait, dit Jenifer à son père. Je vais me préparer des céréales.

Jack hocha la tête d'un air absent.

– J'aime bien ce gamin, tu sais, murmura-t-il. Il a un cœur en or.

Jenifer haussa les épaules. Elle avait faim.

6

Jenifer attaquait son deuxième bol de corn-flakes lorsque la porte de derrière s'ouvrit. Sur le seuil de la cuisine, Norma et Mack enlevèrent leurs grosses chaussures de randonnée. Jenifer n'avait pas vu sa mère depuis la veille. Après dîner, elle avait annoncé qu'elle devait retourner au parc pour contrôler les signaux radio de Juliette. Apparemment, elle y avait passé la nuit.

– Alors ? demanda la fillette.

Jack se leva :

– Vous m'avez l'air d'avoir besoin d'un bon café, vous deux.

– Oh oui, merci, fit Norma en se laissant tomber lourdement sur une chaise.

Elle jeta un coup d'œil sur le poisson rouge qui nageait dans le saladier, mais ne se montra pas curieuse de savoir ce qu'il faisait là.

– La nuit a été longue, dit-elle.

– Pas de café pour moi, merci, déclara Mack en levant la main. Je vais rentrer me coucher.

– Alors ? répéta Jenifer. Quoi de neuf ?

– Juliette ne se déplace quasiment pas, lui répondit Norma.

– Nous l'avons surveillée toute la nuit, précisa son collègue. Elle est restée dans un périmètre de trente mètres.

– Donc c'est qu'elle attend des petits, en conclut Jenifer.

– Probablement, acquiesça Mack.

– Tu es sûr que tu ne veux pas une tasse de café, Mack ? insista Jack. Ou quelque chose à manger ? Tu as encore de la route devant toi.

– Tu pourrais dormir un moment sur le canapé, suggéra Norma.

– Vous avez raison, admit Mack. Après tout, une tasse de café ne me fera pas de mal.

Jenifer se tortilla nerveusement sur sa chaise. Quand ces simagrées à propos de café allaient-elles prendre fin ? Les adultes ne se rendaient-ils pas compte qu'elle attendait des nouvelles de Juliette ?

– Que veux-tu dire par « probablement » ? demanda-t-elle avec impatience.

Mack soupira :

– Si ça se trouve, elle n'a pas eu de petit. Ça pourrait être une grossesse nerveuse.

– Une quoi ?

– Merci, fit Norma tandis que Jack lui servait une tasse de café.

Elle se pencha au-dessus et en huma l'arôme :

– Hum… Quelle odeur divine !

– Maman, c'est quoi, une grossesse nerveuse ? insista Jenifer, à bout de patience.

Sa mère but une gorgée avant de répondre.

– Juliette s'était peut-être juste imaginé

qu'elle était pleine. Et elle se serait construit une tanière comme le font toutes les louves qui attendent des petits.

– Bizarre, commenta Jenifer.

– Pas tant que cela, intervint Mack. Les grossesses nerveuses sont assez fréquentes chez les louves. Et, à mon avis, c'est ce qui arrive à Juliette. Nous sommes en juin… Il est un peu tard pour qu'elle ait mis bas.

– Comment en être sûr ? s'enquit Jenifer.

– Il faudrait voir les louveteaux : c'est le seul moyen, répondit Norma.

– Vous allez faire un tour au Mont Edna ? demanda Jack.

– Pas moi, répondit vivement Mack. Moi, je vais au lit. Je n'ai pas dormi plus de trois heures, la nuit passée, sur un matelas de camping.

– Nous pourrions y aller demain, suggéra Norma, déçue. Si elle allaite, ce serait bien que nous lui apportions un peu de viande. Produire du lait, ça fatigue.

– C'est vrai qu'il faudrait aller voir, admit Mack.

– J'aimerais tellement venir avec vous ! s'écria Jenifer en se redressant sur sa chaise. Maman, s'il te plaît… J'ai hâte de savoir si Juliette a eu des bébés… Pas toi ? Tu n'es pas curieuse ?

Norma adressa un clin d'œil à sa fille :

– Bien sûr que si.

– Alors, on y va ? Aujourd'hui ? S'il te plaît, maman… Je vais préparer un pique-nique. Qu'est-ce que tu veux comme sandwiches ?

Norma se tourna vers Jack. Les deux adultes semblaient communiquer en silence.

– Thon, dit enfin Norma. Et prends aussi du fromage et des biscuits. La marche va être dure.

– O.K. ! s'exclama Jenifer.

Une heure plus tard, elle s'installait à bord du pick-up de sa mère. Norma prit la route qui passait devant chez Samantha. Quelques kilomètres après le ranch, elle bifurqua sur un chemin de terre peu fréquenté qui conduisait à Goldenrock. Un peu plus loin, elle se gara sur le bas-côté.

– C'est là ? s'étonna Jenifer.

Elle était surprise que Juliette ait élu domicile si près des habitations. Elle aurait pensé que la louve se terrait au fin fond du parc, dans un endroit sûr.

– Nous sommes au pied du Mont Edna, répondit Norma. L'un des flancs de la montagne se trouve sur le terrain du parc national. Le versant sud appartient à un particulier.

Jenifer descendit de la voiture et regarda autour d'elle.

– À qui ? demanda-t-elle.

– À M. Russell, je crois.

La fillette grimaça : ce n'était pas une bonne nouvelle. Samantha Russell était certes la meilleure amie de Jenifer, mais son père était farouchement opposé à la réintroduction des loups. Et son frère aîné, Clem, était encore plus déterminé que lui. Quelques mois auparavant, il avait tenté de boycotter la manifestation pro-loups organisée par Cora et Jenifer.

– Nous allons passer à des endroits très accidentés, prévint Norma. Je veux que tu restes juste derrière moi.

Jenifer hocha la tête. Bien qu'elle n'eût pas l'intention de se séparer de sa mère, elle s'était préparé un petit sac à dos personnel avec un couteau, une boussole, une lampe de poche, un sifflet, ainsi que la moitié de l'eau et des provisions – juste au cas où.

Norma s'engagea dans la forêt. Jenifer lui emboîta le pas, en tendant les bras devant elle pour éviter que les branches lui reviennent dans la figure.

– Maman ? À ton avis, qui a tiré sur Roméo ?

– Je n'en ai pas la moindre idée.

– C'est peut-être Clem…

Clem vivait tout près. Et il aurait été fier de tuer un loup.

– Jenifer…

Norma fit volte-face :

– Que je ne t'entende plus dire des choses pareilles ! Tu n'as absolument aucune preuve contre Clem.

– Il habite juste de l'autre côté de la montagne !

– Et alors ? On n'accuse pas les gens à tort et à travers. Compris ?

– Oui, acquiesça la fillette sur un ton penaud.

Dans son esprit, néanmoins, le frère de Samantha n'était pas au-dessus de tout soupçon. L'adjointe Rose ou l'agent spécial Morehouse allaient-ils l'interroger ?

Le terrain devenait de plus en plus escarpé. Il n'y avait pas vraiment de sentier. Jenifer avait l'impression de monter un escalier qui n'en finissait pas.

Bientôt, elle fut couverte de sueur et à bout de souffle. Chaque inspiration lui brûlait les poumons ; elle avait mal aux jambes. Mais elle continuait à avancer.

Les racines et les fougères la faisaient trébucher. Des branches lui frôlaient le visage. Les arbres l'obligeaient à faire des détours. Attirées par la transpiration, des mouches lui bourdonnaient aux oreilles.

– Ça va, ma puce ? lança sa mère.

– Oui, oui !

Enfin, Norma trouva le lit d'un petit ruisseau, qu'elles se mirent à remonter. La végétation était moins dense ; mais, sur les rochers humides, il fallait faire attention où l'on mettait les pieds. Jenifer s'aidait avec les mains pour progresser. Elle ne tarda pas à s'écorcher les articulations. Ses doigts saignaient, mais elle continuait à crapahuter sans rechigner.

Le Mont Edna était haut. Jenifer se disait que, s'il y avait eu un chemin, l'ascension aurait été plus facile…

Pour la première fois, elle prit conscience que les sentiers sur lesquels elle avait l'habitude de randonner étaient l'œuvre des hommes. Ils avaient été tracés par quelqu'un : les Indiens d'autrefois, des gardes forestiers ou des trappeurs. En tout cas, qui que ce fût, elle pensa à eux avec reconnaissance. Parce que marcher en pleine nature est difficile.

Elles grimpèrent encore sans s'arrêter pendant une vingtaine de minutes. Puis Norma s'assit sur une grosse pierre et déplia une carte. Jenifer s'adossa contre le rocher pour se reposer. Sa mère étudiait la carte. Les biologistes y avaient marqué les points d'où Juliette avait émis des signaux.

– Nous ne sommes plus très loin, déclara Norma. Cassons la croûte. Ensuite, nous chercherons Juliette.

– D'accord.

Jenifer avait faim et soif. Soif surtout. Elle sortit une bouteille d'eau de son sac et en but la moitié. Puis elle attaqua son sandwich. Jamais le pain de seigle et le thon ne lui avaient paru aussi délicieux.

Norma rangea la carte et se désaltéra à son tour.

– Nous sommes à peu près à la bonne hauteur, dit-elle. Maintenant, il ne nous reste plus qu'à trouver la tanière.

– Ça va être dur ?

– Il y a des chances pour que ce ne soit pas évident ! répondit Norma en riant. Nous verrons ça après le pique-nique.

Elle mangèrent chacune un gros sandwich, une portion de fromage, quelques carottes nouvelles et deux biscuits. En d'autres circonstances, Jenifer aurait fait la sieste après un tel festin, mais la perspective de découvrir Juliette et ses louveteaux la tenait en éveil.

Sa mère était visiblement dans le même état d'esprit qu'elle. À peine eut-elle fini de manger qu'elle ramassa les ordures et remit son sac sur ses épaules.

– On y va?

– Allons-y.

– Si tu vois des traces, préviens-moi!

Elles se remirent en route à un rythme moins soutenu, zigzaguant entre les arbres, la tête baissée vers le sol. Norma examinait avec une attention particulière tous les endroits où la terre était tassée.

Jenifer savait que les animaux créent des passages dans les bois, comme les humains. Par exemple, si pendant l'été une harde d'élans passe tous les jours par le même chemin, un couloir finit par se dessiner à travers la forêt, que les prédateurs vont suivre, eux aussi, ainsi que les chasseurs.

Les randonneurs, en revanche, n'empruntent pas les pistes des animaux, parce que celles-ci ne montent pas directement à la cime des montagnes, et les marcheurs préfèrent en général atteindre les sommets par le chemin le plus court.

Grâce à la carte, Norma avait une idée assez précise de l'emplacement de la tanière de Juliette. En moins de dix minutes, elle repéra des traces de loup dans le sol meuble près du ruisseau.

– Ces empreintes ont l'air fraîches, remarqua-t-elle.

Jenifer se baissa pour les examiner de plus près.

– On dirait des traces de chien, commenta-t-elle.

– C'est vrai, mais je doute que des gros chiens soient venus se balader par là récemment.

Norma se redressa et suivit les empreintes.

– Regarde, dit-elle à sa fille. Elles forment une ligne droite. La louve devait être en train de chasser. Elle allait droit au but. Les chiens ont tendance à courir en tous sens.

– Ces traces vont nous mener à la tanière ? s'enquit Jenifer.

– Non, elles s'en éloignent. Nous allons les remonter. Ce qui nous intéresse, c'est de savoir d'où venait Juliette, pas où elle allait.

Norma se remit à avancer lentement, en produisant un drôle de grognement guttural.

– Qu'est-ce que tu fais ? lui demanda sa fille en riant.

– J'imite les louves qui reviennent à la tanière.

– Je ne sais pas si les louveteaux vont te prendre pour leur mère…

Dix minutes plus tard, cependant, Jenifer perçut un bruit. Un faible grognement qui ressemblait au son que sa mère émettait. Sur le coup, elle pensa qu'il s'agissait de Juliette. Puis elle comprit que c'étaient ses petits. Il y avait donc bel et bien des louveteaux !

Des bébés loups sauvages, nés sur les flancs du Mont Edna.

Un sourire radieux illumina le visage de la fillette. Cela ne serait jamais arrivé si

Norma, Jack et Anya n'y avaient pas cru, s'ils ne s'étaient pas battus.

Norma s'accroupit devant un tronc creux.

– Viens voir, chuchota-t-elle.

Jenifer s'agenouilla auprès de sa mère et se pencha pour regarder dans l'anfractuosité. Il y faisait sombre. Pendant quelques secondes, il lui sembla que le sol était en mouvement. Elle plissa les yeux : les bébés loups formaient une masse de fourrure ondulante.

– Oh…

– Ils n'ont pas plus de quatre jours, murmura Norma.

– Il y en a plein ! Combien ils sont ?

– Comptons-les. C'est un événement historique. Je vais avoir un rapport détaillé à rédiger.

Jenifer essaya de compter les museaux. Puis les queues. Mais les louveteaux débordaient d'énergie. Ils ne cessaient de bouger, montant les uns sur les autres.

– Je crois qu'il y en a sept, dit Norma.

Jenifer secoua la tête :

– Non, huit.

– Pas facile à dire, hein ? Allez, viens, rentrons. Il faut que je prévienne Mack. Et que nous trouvions de la viande fraîche pour cette petite famille.

Jenifer acquiesça. Elle ne voulait pas que Juliette découvre à son retour deux êtres humains à proximité de sa progéniture. Que les louveteaux soient sept ou huit, quelle importance ? L'essentiel, c'était qu'ils soient là !

Norma ouvrait la marche. Jenifer dévalait la pente derrière elle.

– Je n'en reviens pas que Roméo et Juliette se soient accouplés ! s'émerveilla Norma.

Elle était aussi excitée que sa fille.

– Oui, c'est génial !

Jenifer était heureuse de partager un moment aussi fabuleux avec sa mère, surtout après le drame de la veille. D'ailleurs, était-ce bien la veille que Roméo était mort ? Il s'était passé tant de choses depuis !

Norma se retourna et sourit à Jenifer.

– Ils ont dû faire ces bébés quand ils étaient encore dans l'enclos, dit-elle. D'être parqué n'était donc pas aussi stressant que nous le pensions.

– Non.

– Enfin, ils sont quand même nés tard dans la saison… Sept louveteaux, ça alors !

– Huit.

– Juliette ne pourra jamais les élever toute seule. Sans Roméo, elle va avoir du mal…

Norma s'assombrit soudain. Jenifer imagina un instant les jeunes loups mourant de faim dans la forêt. Ce serait trop horrible s'ils ne survivaient pas, à cause de l'imbécile qui avait tué leur père.

– Si vous leur apportez de la viande, ça les aidera, non ?

– Je crains que ça ne suffise pas, répondit Norma sombrement. Peut-être que nous devrions ramener Juliette et ses petits dans l'enclos. Comme ça, nous pourrions l'aider à nourrir les bébés. Quand ils auront grandi, nous les relâcherons tous. Une belle famille !

Norma avait l'air satisfaite de son idée.

– Et comment tu vas faire pour les ramener dans l'enclos ? demanda Jenifer.

– Ne t'inquiète pas. Ce n'est pas un problème.

7

Jenifer arriva chez elle l'estomac dans les talons. L'ascension du Mont Edna relevait de la performance sportive.

Jack était en train de préparer le dîner. Cora ne serait pas de retour avant deux jours. La famille de May l'avait emmenée aux Frontier Days, un grand rodéo qui se déroule chaque année à Cheyenne, dans le Wyoming.

Pendant que sa mère passait des coups de fil, Jenifer mit le couvert tout en racontant sa journée à son père.

Puis Norma les rejoignit et ils s'attablèrent.

– Mack va appeler les troupes, rapporta-t-elle en versant de l'eau dans les verres. Nous allons faire une réunion afin de décider si nous ramenons Juliette et ses petits dans l'enclos ou non. J'ai coupé la sonnerie du téléphone pour que nous puissions manger en paix.

Ils prirent une bonne demi-heure pour savourer de succulentes pâtes à la saucisse et aux poivrons, une spécialité de Jack. Après le repas, Norma alla écouter ses messages.

– Je retourne au parc, annonça-t-elle en revenant dans la cuisine. Toutes les personnes concernées ont été prévenues. Nous allons débattre du cas de Juliette.

– Il faut que tu les convainques de l'aider, dit Jenifer.

– Je vais voir ce que je peux faire.

La fillette embrassa sa mère, puis aida son père à faire la vaisselle. Après quoi, elle sortit Rufus. Des images défilaient dans son esprit. Roméo à la clinique. La grappe de louveteaux dans la tanière. Elle était inquiète pour Juliette et sa portée. Ainsi que pour les autres loups qui avaient été réintroduits à Goldenrock. La faim, le froid et tant d'autres dangers les menaçaient ! Les animaux sauvages n'avaient pas la vie facile. Et il fallait que les chasseurs viennent encore les traquer !

Jenifer n'osait même pas imaginer que les loups puissent se faire tuer. Ce serait la faute de ceux qui les avaient ramenés dans la région…

Avec toutes ces pensées qui lui trottaient dans la tête, elle redoutait de ne pouvoir s'endormir avant le retour de sa mère. Néanmoins, elle sombra dans les bras de Morphée à la seconde même où elle ferma les paupières.

Le lendemain matin, à peine réveillée, elle descendit les escaliers en trombe.

Son père lisait le journal dans la cuisine.

– Où est maman ? lança-t-elle.

– Pas encore rentrée.

– Ils sont toujours en réunion ?

Jack éclata de rire :

– Non. Elle m'a téléphoné tard dans la soirée, hier. Les discussions se sont éternisées, mais ils ont fini par tomber d'accord sur le fait que ramener Juliette et ses petits à l'enclos était la meilleure solution. Maman et Mack sont retournés au Mont Edna poser un piège.

– Super, fit Jenifer en souriant.

– Maman a dit qu'elle nous appellerait dès qu'il y aurait du nouveau.

Jenifer venait de mettre deux tranches de pain dans le grille-pain lorsque la sonnerie du téléphone retentit.

– J'y vais ! s'écria-t-elle, persuadée que c'était sa mère qui appelait déjà pour dire que la louve et les louveteaux étaient en sécurité, que les méchants n'avaient pas gagné.

– Allô, Jenifer ?

– Ah... Salut, Tante Anya.

– Tu as l'air déçue, fit Anya en riant.

– J'espérais que c'était maman.

Jenifer mit sa tante au courant des derniers événements.

– À mon avis, ta mère n'est pas près d'appeler.

– Pourquoi ?

– Réfléchis. Pour commencer, ils ont dû modifier un piège, avec Mack, pour capturer la louve sans la blesser. Ensuite, il leur a fallu préparer l'équipement radio, monter en haut du Mont Edna, s'installer… Ils doivent être en train de poireauter. Qu'est-ce que tu crois ? Que Juliette va se pointer juste pour leur fairc plaisir ? Tu te rappelles le temps que ça a pris quand nous voulions attraper le puma ?

Jenifer et sa tante avaient un jour soigné un puma blessé dans la forêt. Trois battues avaient été nécessaires pour mettre la main dessus.

– Écoute, que dirais-tu de passer la journée avec moi ? proposa Anya. J'ai de quoi t'occuper. Ça t'évitera de penser aux loups.

– Je suis partante, acquiesça la fillette sans se faire prier.

Elle adorait être en compagnie de sa tante.

– Quel est ton programme ? s'enquit-elle.

– J’ai rendez-vous au Homesick Ranch. Je passe te prendre dans un quart d’heure.

Jenifer enfila un vieux jean, ses chaussures de marche, et prévint son père qu’elle partait avec Anya. Puis elle sortit attendre sa tante devant la maison. Le gros pick-up vert de la vétérinaire ne tarda pas à apparaître au bout de la rue.

– Ils ont une bête malade au Homesick Ranch ? demanda Jenifer en chemin.

– Non. C’est le jour du marquage et des vaccinations.

– Wouah ! fit Jenifer.

Une fois par an, les fermiers rassemblaient toutes leurs bêtes pour les marquer. Il s’agissait d’un événement important, qui avait toujours fasciné Jenifer. Elle avait même demandé à Samantha si elle pouvait y assister, mais M. Russell n’avait pas accepté. Il prétendait que c’était trop dangereux.

À la fois excitée et nerveuse, la fillette se redressa sur son siège.

– Ça risque d’être un peu mouvementé, la prévint Anya en négociant un virage. Toi, tu auras deux choses à faire.

– Lesquelles ?

– Premièrement, tu rempliras les seringues. Je te montrerai comment t'y prendre.

– Pas de problème.

– Deuxièmement – et c'est le plus important –, il faudra que tu restes à distance des bêtes. Je ne veux pas que tu te fasses piétiner par une vache en furie.

– O.K.

Jenifer commençait à avoir quelques appréhensions. Elle savait toutefois que sa tante veillerait à ce qu'il ne lui arrive rien de fâcheux.

Situé à une cinquantaine de kilomètres au nord de la ville, le Homesick Ranch était un élevage bovin de taille modeste. Jenifer passait fréquemment devant en voiture avec ses parents, mais elle n'avait jamais rien vu d'autre de l'exploitation que des prés bordés d'une clôture en rondins fendus qui défilaient à cent à l'heure.

Anya s'engagea dans l'allée. Jenifer aperçut une bâtisse blanche, basse, nichée au creux d'un vallon. Les écuries et les étables se trouvaient deux kilomètres plus loin, dans les terres, à l'écart de la route.

Trois hommes et six chiens s'affairaient devant les bâtiments. Ils levèrent la tête en entendant le pick-up d'Anya. Ils l'attendaient.

La vétérinaire coupa le contact et descendit de son véhicule.

– Salut, Rib ! Ah, Loren, Dutch, comment allez-vous ?

Jenifer rejoignit sa tante.

Les adultes échangèrent des poignées de mains et quelques propos sur la sécheresse. Trois semaines qu'il n'était pas tombé une goutte de pluie ! Puis Anya présenta sa nièce aux trois hommes. Rib était le plus vieux ; il devait avoir à peu près le même âge que le grand-père de Jenifer. Il avait les yeux bleus et une barbe grisonnante. Loren lui ressemblait, en plus jeune. Dutch avait à peine vingt ans. Il était employé comme garçon de ferme.

– Dutch, va chercher le cheval, lança Rib, qui visiblement dirigeait les opérations.

Je vais aider ces dames à décharger leur matériel.

– Je vous remercie.

Anya fit le tour de son pick-up et commença à en sortir des caisses contenant des seringues, des flacons de vaccins et divers instruments, que Rib transporta sur une vieille table en bois, à côté de laquelle brûlait un grand feu. Des fers à marquer étaient plantés dans un seau rempli de sable.

Une centaine de vaches étaient rassemblées dans le corral qui jouxtait l'écurie. Elles formaient une mer brune et blanche, en mouvement perpétuel.

– Pour l'instant, contente-toi de regarder, dit Anya à Jenifer.

Celle-ci acquiesça d'un hochement de tête.

Dutch entra dans le corral, monté sur un grand hongre rouan. La vétérinaire informa sa nièce qu'il s'agissait d'un « cutter », un cheval entraîné à séparer les bêtes du troupeau.

Les vaches s'éparpillèrent : tête levée, elles beuglaient de panique et couraient d'un bout à l'autre de l'enclos, soulevant des nuages de poussière. Dans la confusion, les veaux s'éloignèrent de leur mère.

– Pourquoi ont-elles aussi peur ? cria Jenifer.

Terrifiées, les bêtes faisaient un vacarme assourdissant. Les veaux gémissaient plaintivement. Leurs mères poussaient des meuglements sourds et prolongés.

– Ce sont des bêtes presque sauvages ! répondit Anya, en criant elle aussi. Jusqu'à hier, les plus jeunes n'avaient jamais vu un être humain.

– Le bétail ne nous voit que deux ou trois fois par an ! précisa Rib.

Jenifer avait envie de se boucher les oreilles. Elle ne savait pas si elle devait avoir pitié de ces pauvres vaches effrayées ou les maudire pour le boucan qu'elles faisaient. Samantha disait souvent que les bovins n'étaient pas les animaux les plus intelligents de la création. Jenifer constatait aujourd'hui que son amie avait raison.

D'une caisse, Anya sortit trois seringues et les retira de leur emballage. Puis elle aligna trois grands flacons sur la table. Trois vaccins allaient être administrés à chacun des veaux pour les protéger de onze maladies différentes. La vétérinaire fit signe à sa nièce de s'approcher et lui montra la quantité de produit nécessaire pour chaque vaccin.

Rib plaça deux fers à marquer dans les flammes.

Habilement, Dutch et son cheval séparèrent un gros veau du reste du troupeau. Tentant aveuglément de se dérober, l'animal se dirigea droit sur le feu.

Loren l'attendait. Nonchalamment, il lui passa autour du cou une longe de nylon qu'il tira d'un coup sec. La bête tomba sur le flanc en meuglant de rage.

– Un peu plus près ! hurla Rib.

Loren traîna le veau, puis il s'agenouilla sur lui afin de le maintenir plaqué à terre. Les yeux écarquillés de terreur, le jeune bœuf cessa de se débattre.

Rib ôta l'un des fers du brasier. L'extrémité de l'instrument rougeoyait. Le fermier l'appliqua sur la cuisse de l'animal, entre les genoux de Loren. Une odeur âcre de poils brûlés envahit l'atmosphère.

Une seconde s'écoula.

Rib imprima un léger mouvement de rotation à la barre de métal.

Une autre seconde.

Quand il écarta le fer, Jenifer vit la marque brune que l'instrument avait laissée dans le cuir de la bête. Le signe distinctif du Homesick Ranch se composait d'un H et d'un S accolés.

Rib recula, enfonça le fer dans le seau de sable, le fit tourner, et le remit dans le feu.

Anya s'approcha du veau. D'un geste sûr et mesuré, elle lui injecta le premier vaccin. Puis elle jeta la seringue dans une poubelle, en prit une autre, et répéta l'opération. Elle procéda de même pour le troisième vaccin.

Rib s'avança et agrafa une plaquette contenant de l'insecticide à l'oreille du veau. Durant tout l'été, elle repousserait les mouches.

– Et d'un ! cria Rib.

Loren se releva. La bête se remit sur ses pattes. Loren lui donna une claque sur la croupe afin de la renvoyer au pâturage. En beuglant furieusement, une vache se détacha de ses congénères et suivit le veau fraîchement marqué. « Sa mère », devina Jenifer. Sans perdre de temps, Dutch amena un autre veau près du feu. Rib le marqua. Cette fois, ce fut Jenifer qui remplit les seringues.

Anya vérifiait consciencieusement les dosages avant d'injecter les vaccins.

Jenifer était fière d'elle. Elle ne se trompait presque jamais, car elle faisait très attention à son travail. Peu à peu, le nombre de bêtes dans le corral diminuait, et la boîte de seringues se vidait.

– Anya, nous n'avons presque plus de seringues ! alerta Jenifer en criant.

Les vaches faisaient toujours autant de tintamarre.

– Il y en a dans le pick-up ! Tu vas les chercher ?

– Oui !

Jenifer traversa le pré où se trouvaient les

veaux marqués et leurs mères. Les bêtes semblaient avoir oublié l'épreuve qu'elles venaient de subir. Par deux ou trois, elles paissaient dans l'herbe haute.

Jenifer s'immobilisa et observa une vache qui oscillait d'avant en arrière. Son petit la regardait, comme s'il sentait qu'il se passait quelque chose d'anormal. Puis, lentement, comme au ralenti, la vache s'effondra sur le côté.

8

Jenifer demeura un instant bouche bée devant la vache qui venait d'être victime d'un malaise. Puis elle courut prévenir sa tante :

– Anya ! Il y a une vache qui est tombée dans les pommes !

– Dans les pommes ?

– Oui, elle s'est évanouie !

– Rib ! cria la vétérinaire. Stoppez tout ! Je crois qu'un des veaux est en train de faire une réaction allergique. Où est-il, Jenifer ?

– Là-bas. Mais ce n'est pas un veau. C'est une vache.

La fillette repartit en courant, sa tante et les trois hommes sur ses talons.

Anya s'agenouilla auprès de la vache et colla son oreille contre le ventre de l'animal.

– Fièvre lactée ? demanda Rib.

– Fièvre lactée, confirma la vétérinaire. Plutôt rare chez les bêtes de boucherie.

Elle se tourna vers Jenifer :

– Va vite me chercher du gluconate de calcium, s'il te plaît. Tu verras, c'est une bouteille blanche. Vous, Rib, allez chercher une sangle. Il faudra la soutenir si elle se relève.

– Tout de suite, lança le rancher en se dirigeant à la hâte vers le corral.

Dans le pick-up, Jenifer trouva sans peine le médicament, qu'elle apporta à sa tante. Loren, Dutch et Rib s'affairaient autour de la vache. Ils avaient tendu une large courroie sur le sol. La fillette les regarda saisir les sabots de la bête et la tirer sur la courroie.

Anya prit le flacon des mains de sa nièce sans même la regarder. Puis elle fit une piqûre à l'animal.

Jenifer se tenait à quelques mètres de distance, certaine que la vache allait mourir. Elle était soucieuse pour son petit. Elle ne comprenait pas pourquoi Anya et Rib restaient si calmes alors qu'une bête venait d'être frappée par une étrange maladie.

Soudain, la vache souleva la tête. N'en croyant pas ses yeux, Jenifer cligna des paupières.

Tout d'un coup la vache bougea la tête et regarda la fillette avec l'air de lui dire : « Mais qu'est-ce qui m'est arrivé ? »

– Je crois qu'elle va mieux ! s'exclama Jenifer.

La vache reposa la tête par terre et se contorsionna pour se mettre sur le ventre.

– Prêts, les gars ? lança Rib. Elle se relève !

Debout de chaque côté de la bête, Loren et Dutch tenaient chacun une extrémité de la sangle. La vache déplia ses membres antérieurs. Les deux hommes tirèrent sur la sangle.

La courroie se tendit sous le ventre de la vache, qui se retrouva en un clin d'œil sur ses quatre pattes.

Anya s'approcha et regarda au fond de ses yeux. La vache la dévisagea sereinement.

– Elle a l'air de tenir debout, déclara la vétérinaire. Essayez de la lâcher.

Prudemment, Loren et Dutch abaissèrent la courroie. La vache demeura ancrée au sol. Anya eut l'air satisfaite. Loren et Dutch lâchèrent la sangle, et Dutch la tira à lui. La vache mit un pied devant l'autre. Rib applaudit.

– Je crois que nous méritons bien une pause, dit-il. Qui veut boire un coup ?

– Un soda ne serait pas de refus, répondit Anya. Je vais surveiller ma patiente pendant un petit moment. Il se peut qu'il lui faille une autre injection.

Les hommes se dirigèrent vers les bâtiments.

– Ça alors ! s'exclama Jenifer.

– Impressionnant, n'est-ce pas? fit sa tante en souriant.

– Que lui est-il arrivé ?

– Une poussée de fièvre lactée. Parfois, les vaches qui allaitent perdent trop de calcium, et elles font ce genre de malaise. En général, il suffit d'une dose de calcium pour qu'elles se rétablissent.

– Elle avait de la température ?

– Non. Les gens emploient le mot « fièvre » pour désigner cette affection, mais il n'est pas vraiment approprié. Le terme exact est « hypocalcémie ».

– Et la sangle, c'était nécessaire ?

– Oui, pour éviter que la vache se déchire un muscle ou se fracture un os quand elle se relève. Parfois, elles ont du mal à se redresser. Dieu merci, avec cette brave fille, nous n'avons pas eu de problème.

La vache broutait tranquillement. Elle semblait tout à fait remise. Jenifer était heureuse pour elle, et fière d'Anya, qui l'avait soignée sans le moindre affolement. Sans elle, la vache serait morte, bonne pour la fabrique de steaks hachés.

La fillette se jeta au cou de sa tante. Anya éclata de rire :

– Pourquoi ce soudain débordement d'affection ?

La stridulation de son portable retentit à cet instant. Elle le décrocha de sa ceinture :

– Allô ? Ah, salut. Alors ? C'est ta mère…, chuchota-t-elle à Jenifer.

– Elle a transféré Juliette et les louveteaux ?

– Chuuut !

– Oups…

Jenifer se couvrit la bouche des deux mains. Elle avait oublié que la mission de sa mère devait rester confidentielle. Heureusement, personne n'avait pu l'entendre.

Norma semblait faire un long récit. Anya hochait la tête en l'écoutant. « Ah bon ? », faisait-elle de temps en temps.

Jenifer se demandait si sa mère était en train de lui annoncer des bonnes ou des mauvaises nouvelles. Elle se dandinait d'un pied sur l'autre en s'efforçant d'être patiente.

Enfin, sa tante coupa la communication. Mais Rib approchait déjà, des canettes de soda à la main.

– Qu'est-ce qu'elle t'a dit ? murmura Jenifer. Dis-moi vite !

Anya soupira :

– Ça ne se passe pas très bien. Ils ont posé un piège à mâchoires près de l'endroit où vous avez vu les louveteaux. Ils ont attrapé Juliette sans même lui faire une égratignure.

– Eh bien, où est le problème ? demanda Jenifer. Elle s'est sauvée ?

– Non. Norma et Mack l'ont endormie et ils l'ont chargée dans l'hélicoptère.

Rib n'était plus qu'à quelques mètres.

– Alors ? souffla Jenifer avec impatience.

– Pas de louveteaux.

– Comment va notre malade ? s'enquit Rib en souriant.

Jenifer avait presque oublié la vache. Elle pivota sur ses talons pour la regarder. La mère et son petit s'étaient éloignés. Leur comportement n'avait plus rien d'inquiétant.

Rib leur tendit à chacune une canette.

– Si on se remettait au travail ? suggéra Anya après avoir bu quelques gorgées.

– C'est parti ! approuva Rib.

Ils se dirigèrent vers le corral. Jenifer avait des milliers de questions à poser à sa tante. Comment ça, pas de louveteaux ? Elle les avait vus de ses propres yeux ! S'étaient-ils perdus ?

Rib appela Loren et Dutch, qui étaient assis sur la barrière du corral. Ils sautèrent au sol et reprirent chacun leur poste.

– Oh, Jenifer ! s'écria Anya. Tu as oublié d'apporter de nouvelles seringues.

– Excuse-moi ! J'y vais tout de suite.

Tandis que la fillette marchait en direction du pick-up, une idée se forma dans son esprit. Elle fit demi-tour :

– Anya, tu peux me prêter ton portable ?

– Bien sûr.

Sa tante lui tendit l'appareil en lui adressant un clin d'œil.

Jenifer gagna le camion en courant. Elle monta dans la cabine, à l'abri des oreilles indiscrètes, et composa le numéro de sa mère.

– Allô ?

– Maman ? C'est moi. Que se passe-t-il ?

– Les louveteaux ont disparu. Nous pensons que Juliette les a cachés.

9

À travers le pare-brise poussiéreux, Jenifer regardait fixement les écuries de Rib. Elle pressa le téléphone contre son oreille. Avait-elle bien compris ?

– Pourquoi Juliette aurait-elle caché ses petits ? demanda-t-elle.

– Je ne sais pas. Elle a peut-être senti notre odeur dans les parages de la tanière.

Norma avait une voix lasse. Elle devait être fatiguée et déçue.

– Ne t'en fais pas, maman. Vous allez les retrouver.

– Nous allons essayer, oui. Nous avons recensé tous les endroits d'où Juliette a émis des signaux au cours des vingt-quatre dernières heures. Il semblerait qu'elle ait emmené les louveteaux de l'autre côté du Mont Edna.

– Vous êtes allés voir ?

– Non.

– Pourquoi ? Les bébés ne sont pas en danger, sans leur mère ?

– Si. Mais il y a un problème.

– Quel problème ?

– Le nouveau repaire de Juliette ne se trouve pas dans le parc national.

– Il est chez les Russell ? devina Jenifer.

– Oui…

– Eh bien, demandez à M. Russell si vous pouvez y aller !

– Je lui ai laissé un message il y a environ une heure. Il ne m'a toujours pas rappelée.

– Je vais en parler à Samantha !

– Je ne pense pas que ce soit une bonne idée. Laissons à son père le temps de réfléchir et de prendre contact avec moi.

– Et en attendant qu'est-ce qu'on fait ?

– Rien.

Jenifer se remémora cette partie de la propriété des Russell. Au bas de la montagne, ils avaient déboisé le terrain pour en faire des herbages. Les pâturages étaient délimités par une clôture. Au-delà s'étendait la forêt.

Les Russell étaient propriétaires de tout le flanc du Mont Edna, jusqu'au sommet, mais, à partir d'une certaine hauteur, la pente était trop abrupte pour qu'on puisse y faire paître du bétail. En haut, ils avaient donc laissé la forêt intacte. Samantha avait dit à Jenifer que son père avait déjà perdu plusieurs veaux à proximité de la clôture. Loin du ranch, des pumas pouvaient se cacher dans la végétation et attaquer les bêtes sans crainte d'être surpris par l'homme.

– Les petits loups sont à la merci des pumas ! insista Jenifer. Il faut qu'on fasse quelque chose. On ne peut pas les laisser mourir !

– On ne peut pas non plus semer la discorde entre Samantha et son père, objecta

Norma. Ne te mêle pas de cette histoire.

Jenifer jeta un coup d'œil sur la boîte de seringues posée sur ses genoux. Anya en avait besoin ; il fallait qu'elle les lui apporte.

– Bon, je dois raccrocher, dit-elle à sa mère d'une voix triste.

– O.K., ma puce. Ne t'inquiète pas, nous faisons tout ce que nous pouvons.

Norma essayait de rassurer sa fille, mais Jenifer sentait que sa mère était aussi soucieuse qu'elle.

– Je sais, ne t'en fais pas pour moi.

Norma était pleine de bon sens. Il fallait lui faire confiance. Après tout, c'était en grande partie grâce à elle que les loups avaient été réintroduits à Goldenrock.

Néanmoins, c'est la mort dans l'âme que Jenifer alla porter les seringues à sa tante.

Le reste de l'après-midi s'écoula à vacciner et à marquer les veaux. Anya déposa sa nièce chez elle juste à temps pour que celle-ci emmène Rufus à sa leçon de dressage.

Les cours se déroulaient dans un petit square, en centre-ville. Zack, le moniteur, était un fana des chiens. Il les comprenait mieux que personne. Il avait appris à les dresser dans un monastère de l'État de New York, avec des moines qui vivaient dans des cellules minuscules et priaient toute la journée.

Enfin, non, ils ne priaient pas toute la journée, puisqu'ils élevaient aussi des bergers allemands et écrivaient des livres sur le dressage et la psychologie des chiens. Jenifer trouvait ça un peu loufoque, mais ces livres se vendaient comme des petits pains et le cours de Zack attirait des gens de tout le Montana. Anya l'avait chaudement recommandé à sa nièce.

Jenifer adorait les séances de dressage. Elle appréciait les maîtres des chiens et aimait bien observer les différentes races.

M. Shaw, le bibliothécaire, avait un pointer anglais qui s'appelait Blue ; Harold, le gérant de la station-service, venait avec Sky, un scottish-terrier ; Becky, une adolescente, possédait un bullmastiff qui répondait au nom de Hank.

Rufus était le plus petit des chiens. Et Jenifer, la plus jeune des propriétaires.

– Salut, Jenifer ! lui lança Zack.

C'était un homme petit et mince, aux cheveux gris coupés en brosse. Jenifer trouvait qu'il avait une tête de moine ; il ne lui manquait que la robe de bure. Aujourd'hui, il était en short, T-shirt et sandales.

– Notre Rufus sait enfin s'asseoir ? demanda-t-il.

– Ce n'est pas encore ça, avoua la fillette. Il me regarde comme s'il ne comprenait pas pourquoi il doit s'asseoir.

– Et pourquoi doit-il s'asseoir ?

– Parce que je veux qu'il s'assoie !

– Pourquoi ?

– Parce que… Parce que… Euh… je ne sais pas.

Un sourire bienveillant étira les lèvres de Zack.

– Écoutez-moi, tout le monde ! cria-t-il à la ronde. Jenifer vient de soulever un point important.

– Ah bon ? s'étonna la fillette.

Elle se tourna vers Becky en haussant les épaules. Elle n'avait pas la moindre idée de ce dont Zack voulait parler.

– Oui, poursuivit le dresseur. Tu t'es aperçue en travaillant avec Rufus, cette semaine, qu'il n'était pas facile de lui apprendre à obéir à un ordre. Sais-tu pourquoi ?

Jenifer secoua la tête. Elle ne voyait toujours pas où Zack voulait en venir.

– Parce que tu ne veux pas vraiment qu'il obéisse !

– Hein ?

– Non, parce que tu l'aimes.

La fillette baissa les yeux sur son chiot. Avec sa langue rose qui dépassait de sa gueule, sa petite tête au pelage duveteux, il était trop mignon. Dès qu'il sentit le regard de sa maîtresse posé sur lui, il remua la queue. Oui, elle aimait Rufus de tout son cœur. Mais elle se demandait bien ce que Zack voulait démontrer.

– Comment vous expliquer…

Le petit homme demeura silencieux,

absorbé dans ses pensées. Jenifer donna un peu de jeu à la laisse de Rufus, qui alla renifler Sky.

– Ceux d'entre vous qui ont des enfants, reprit Zack, considérez le dressage de votre chien comme l'éducation de vos enfants. Vous n'allez pas apprendre à vos gamins à obéir aux ordres sans se poser de questions, n'est-ce pas ? Eh bien, il en va de même pour votre compagnon à quatre pattes. Un animal domestique doit savoir réfléchir.

Harold et M. Shaw hochèrent la tête d'un air entendu.

– Parfois, il peut arriver que sans le vouloir nous donnions à notre chien un ordre néfaste pour lui.

Le moniteur se tourna vers Jenifer avant de poursuivre :

– Imagine que Rufus soit de l'autre côté de la rue et que tu l'appelles juste au moment où un gros camion arrive à toute vitesse. Tu ne voudrais pas que ton chien t'obéisse, dans ce cas-là ?

– Bien sûr que non !

– Voilà pourquoi il ne faut jamais punir les chiens quand ils désobéissent. Nous ne voulons pas en faire de bons petits soldats ! Nous voulons qu'ils réfléchissent, qu'ils nous fassent plaisir, mais intelligemment. Bon, maintenant, montre à Rufus comme tu es contente lorsqu'il s'assoit.

Jenifer ne faisait plus vraiment attention à la leçon. Elle pensait à ses parents. Lui apprenaient-ils à réfléchir ?

Cet après-midi, en tout cas, sa mère ne l'y avait pas encouragée. Elle lui avait dit de ne pas intervenir auprès des Russell. Elle avait été catégorique. C'était un ordre, et elle attendait de sa fille qu'elle le respecte. Or ce qui ennuyait Jenifer, c'est qu'elle était presque certaine que sa mère avait tort. On ne pouvait pas attendre indéfiniment un hypothétique appel de M. Russell alors que la vie des louveteaux était menacée ! La vie de la première portée de louveteaux nés dans le parc national de Goldenrock depuis soixante-dix ans !

D'un autre côté, Jenifer et Samantha

s'étaient déjà disputées à cause des loups. Samantha était une fille de fermier. Elle refusait d'admettre que les loups méritaient de retrouver leur place dans le parc national.

C'est pourquoi il n'était peut-être pas utile de lui parler des louveteaux. Elle ne prendrait sûrement pas le risque de mettre son père en colère pour les aider. De toute façon, Norma avait interdit à Jenifer de parler des louveteaux à son amie.

En revanche, elle n'avait émis aucune consigne concernant M. Russell. Ce qui signifiait que Jenifer était libre de s'adresser à lui.

Voilà ce qu'elle allait faire ! Sa décision était prise.

10

Cinquante minutes plus tard, à la fin de la séance de dressage, Rufus ne s'asseyait toujours pas sur commande. Jenifer se doutait que c'était parce qu'elle n'arrivait pas à se concentrer.

En général, elle laissait son chiot jouer dans le square après la leçon. Elle estimait qu'après avoir travaillé il méritait une récréation. Rufus adorait s'amuser à se battre pour de faux avec les autres chiens, surtout avec Sky, le scottish-terrier, qui n'était pas beaucoup plus gros que lui.

Cet après-midi-là, cependant, elle n'avait pas de temps à perdre. Sitôt le cours terminé, elle prit Rufus sous son bras et le cala dans le panier de sa bicyclette. Il se débattit et essaya d'en sauter, mais se calma dès que sa maîtresse se mit à pédaler.

Le ranch des Russell était situé en dehors de la ville, à une vingtaine de minutes à vélo. Plus Jenifer s'en rapprochait, plus elle était nerveuse. Qu'allait-elle dire au père de Samantha ? Comment l'amener à accepter de laisser Norma pénétrer sur sa propriété ?

Tous les arguments qui lui venaient à l'esprit ne lui paraissaient pas très convaincants.

M. Russell n'était pas méchant, mais il n'était pas le genre de père à bavarder avec les copains et les copines de ses enfants. Il avait toujours quelque chose à faire et il semblait toujours pressé. Trop occupé ou préoccupé pour gaspiller son temps à discuter avec une gamine.

Néanmoins, Jenifer se devait d'essayer. Un peu comme Jared avec le poisson rouge, elle avait conscience qu'elle ne pouvait peut-être rien pour les louveteaux, mais, au moins, elle saurait qu'elle avait essayé.

Elle inspira profondément en s'engageant dans l'allée qui menait au ranch.

Comme elle se concentrait sur ce qu'elle allait dire, elle ne remarqua pas tout de suite le pick-up de sa tante. Quand elle le vit, et surtout quand elle vit comment il était garé, son cœur se mit à tambouriner. On aurait dit qu'Anya était arrivée en urgence, qu'elle s'était dépêchée de sortir de son camion sans prendre la peine de le ranger correctement.

La fillette descendit de son vélo et attacha Rufus à un arbre. Puis elle fonça vers l'écurie, d'où lui parvenait une conversation animée. Elle reconnaissait les voix d'Anya, de M. Russell et de Samantha.

Cette dernière se tenait devant le box d'Esméralda, au côté de son frère.

« Oh, non ! s'affola Jenifer. Qu'est-il arrivé à Esmé ? »

Esméralda était la jument favorite des Russell, une magnifique quarter horse alezane au regard doux et à l'intelligence hors du commun.

Jenifer se posta auprès de Samantha. Anya et M. Russell étaient dans le box, si bien que la fillette ne voyait pas très bien la jument. Celle-ci n'avait toutefois pas l'air malade. Mais la peur se lisait dans ses grands yeux noirs.

Jenifer comprit rapidement que c'était son poulain, Gus, qui avait un problème.

Âgé de sept semaines, il avait une robe d'un noir de jais. D'ordinaire, il était calme et joueur. Mais pas aujourd'hui. Ses yeux étaient écarquillés de terreur. Il ruait et frappait le sol de ses membres antérieurs. M. Russell essayait de le tenir, mais Gus secouait la tête et se cabrait.

– Tu veux que j'aille chercher un tord-nez, papa ? demanda Clem.

L'outil dont il parlait se compose d'une boucle de chaîne montée sur un manche et sert à maîtriser les chevaux. On passe la chaîne sur les naseaux du cheval et on la serre. Jenifer savait que les cavaliers y ont souvent recours, mais elle-même détestait cet objet qui lui évoquait un instrument de torture.

– Non ! s'écria Samantha. Tu vas lui faire mal !

– Je veux seulement l'empêcher de blesser papa, protesta son frère.

– Ça va, ça va, grommela M. Russell.

Jenifer empoigna le bras de son amie :

– Que se passe-t-il ?

– On n'en sait rien, c'est ça, le pire !

– Il faut que j'examine ses jambes, dit Anya à M. Russell. Vous le tenez ?

– C'est bon, allez-y !

Jenifer retint sa respiration tandis que sa tante inspectait les membres du poulain. La situation lui rappelait le jour où elle avait accompagné Anya soigner un cheval qui avait de l'urticaire. Mais celui-ci était couvert de boursouflures, alors que le pelage de Gus était parfaitement lisse. Qu'avait-il ?

Anya secoua la tête d'un air perplexe.

– Rien ! déclara-t-elle. Voyons voir son nez…

De la main droite, elle saisit fermement la tête du poulain terrorisé et, de la gauche, lui palpa les naseaux.

– Nous y voilà ! s'exclama-t-elle. Une morsure de serpent. Sûrement de serpent à sonnette…

Jenifer frémit.

– Vous parlez d'une affaire…, maugréa Clem. Les morsures de serpent, ce n'est rien pour les chevaux.

Anya sortit du box.

– C'est vrai, acquiesça-t-elle. Mais, chez un poulain aussi jeune, elles peuvent être mortelles.

– Où allez-vous ? lança Samantha sur un ton paniqué.

– Chercher du sérum antivenin dans mon pick-up.

– J'y vais ! proposa Jenifer.

– Non, je le trouverai plus vite moi-même. Reste ici et essaie de calmer Gus. S'il continue de s'agiter, le processus d'absorption des toxines risque de s'accélérer.

11

Samantha reprit soudain ses esprits :

– Lâche-le, papa. Et sors du box. Gus ne te connaît pas très bien.

M. Russell s'exécuta, avec l'air de quelqu'un qui n'aime pas qu'on lui donne des ordres.

Sa fille pénétra dans la stalle, s'agenouilla auprès du poulain et lui parla doucement à l'oreille. Réagissant à cette voix familière, Gus cessa de piaffer. Son regard était néanmoins encore embrasé de terreur.

Anya ne tarda pas à revenir. Elle caressa

l'encolure de Gus, puis lui enfonça le pouce dans le cou. Une veine saillit. La vétérinaire la tapota afin que le poulain ne soit pas surpris par la piqûre de l'aiguille. Lentement, elle injecta ensuite l'antivenin.

– Il va s'en sortir ? demanda Samantha.

– Oui, lui répondit Anya avec un clin d'œil.

Jenifer se sentit rassurée. Gus était tiré d'affaire ! Elle observa sa tante qui désinfectait la morsure de serpent. Le poulain semblait avoir envie de dormir, à présent. Il était beaucoup plus calme. Esméralda le caressa de ses naseaux. Une atmosphère sereine planait enfin dans l'écurie.

Tout à coup, Samantha se tourna vers son amie et la considéra d'un air étonné :

– Mais… qu'est-ce que tu fais là ?

La question prit Jenifer au dépourvu :

– Je… euh… Je…

Elle inspira profondément et regarda M. Russell dans les yeux :

– Je voulais vous parler.

– De quoi ? fit-il d'une voix bourrue.

La fillette avala péniblement sa salive. Elle s'en était doutée : il ne serait pas facile de discuter avec M. Russell. Et encore, elle n'avait pas prévu que Samantha, Clem et Anya assisteraient à la conversation… Bon, le plus dur était de se lancer.

– J'aimerais que vous donniez l'autorisation à ma mère de chercher une portée de louveteaux sur votre propriété.

– Des louveteaux ? répéta Clem, bouche bée.

M. Russell paraissait presque aussi stupéfait que son fils. Apparemment, il n'avait pas écouté le message de Norma. Samantha se raidit, comme si elle s'attendait à ce que les choses se passent mal.

Jenifer ne voyait pas le visage de sa tante, car Anya était tournée vers le poulain. Sa posture lui donnait toutefois l'impression qu'elle désapprouvait sa démarche. Norma lui avait-elle dit que Jenifer n'était pas censée se mêler de cette affaire ? Ou bien Anya étaitelle furieuse parce que sa nièce avait divulgué le secret de la naissance des louveteaux ?

– Vous êtes sans doute au courant qu'un loup a été abattu, poursuivit la fillette à toute allure. C'était le père des louveteaux dont je vous parle. Maman a décidé de les ramener, avec leur mère, dans l'enclos de Goldenrock. Elle a réussi à capturer la louve, mais on pense que les bébés sont chez vous.

– Ici ? fit Samantha en regardant autour d'elle, comme si elle s'attendait à découvrir une portée de louveteaux dans l'écurie.

– Sur le Mont Edna, précisa Jenifer.

– Où exactement ? demanda Clem.

Jenifer hésita. Pouvait-on faire confiance à Clem ? En son for intérieur, elle le soupçonnait toujours d'avoir tué Roméo.

– Je… je ne sais pas. Mais ma mère le sait, elle. Et je suis sûre qu'elle…

Elle s'interrompit en voyant M. Russell secouer la tête.

– Il est hors de question que je fasse quoi que ce soit pour les loups, déclara-t-il.

Il allait être ardu de le faire changer d'avis.

– Je préférerais me tirer une balle dans le pied, ajouta-t-il.

Jenifer était abasourdie. À cet instant précis, elle aurait volontiers tiré elle-même dans le pied de ce type ! Elle se mordit la lèvre et s'exhorta au calme, essayant de se souvenir des arguments auxquels elle avait pensé sur son vélo.

Elle bomba le torse avant de reprendre la parole :

– Ça ne vous ennuie pas d'avoir une meute de loups sur vos terres ? Ils vont grandir vite, vous savez.

« Si on ne les tue pas, songea-t-elle. S'ils ne sont pas déjà morts... »

– Si tu crois qu'on va les laisser s'installer ici ! intervint Clem. Nous les tuerons.

– C'est illégal ! s'enflamma Jenifer.

À présent, elle était très inquiète. Elle regrettait d'avoir parlé des louveteaux devant Clem. Il était capable de les abattre, comme il avait probablement déjà abattu leur père.

– C'est illégal si on se fait prendre, railla l'adolescent. Un coup de fusil, boum, un grand trou dans la terre, et, hop ! ni vu ni connu.

La fillette s'efforça tant bien que mal de l'ignorer. Elle se tourna vers M. Russell, qui fronçait les sourcils d'un air contrarié.

Il était évident que l'idée de savoir des loups près de son ranch ne lui plaisait pas du tout.

– Je refuse que des employés du gouvernement mettent les pieds sur mes terres, dit-il enfin. Mais, si c'est Anya qui va chercher les louveteaux, je suis d'accord.

– Non ! s'exclama Samantha. Anya doit rester avec Gus.

Jenifer était sur le point de protester. Mais elle s'en abstint : elle savait combien son amie était attachée au poulain. Si Gus avait besoin de la vétérinaire, alors Anya ne devait pas le quitter.

– Papa, poursuivit Samantha, je vais aller au Mont Edna. Comme ça, Anya pourra surveiller Gus.

– Oui, la soutint Jenifer en lui décochant un grand sourire. Allons-y toutes les deux !

M. Russell secoua la tête :

– Vous n'allez pas monter là-haut toutes

seules, les filles. Clem va venir avec vous.

Les yeux d'Anya s'élargirent.

Jenifer n'avait aucune envie que Clem les accompagne ; pourtant c'était sa seule chance…

– Merci, bougonna-t-elle sans desserrer les mâchoires.

Pour sauver les loups, elle était prête à accepter n'importe quel compromis.

12

Jenifer s'enferma dans le pick-up d'Anya pour téléphoner à sa mère. Norma ne se montra pas enchantée par la perspective de laisser sa fille aller chercher les louveteaux avec Samantha et Clem, mais Jenifer finit par la convaincre que c'était la seule solution. À contrecœur, sa mère lui indiqua l'endroit où la portée pouvait se trouver.

Une demi-heure plus tard, les trois enfants se mettaient en route.

Jenifer montait Honey, une jument qui avait presque le même âge qu'elle. La fillette ne faisait pas souvent d'équitation, mais sur ce cheval placide elle se sentait à l'aise.

Sally, la monture de Samantha, avait appartenu à Mme Russell, décédée quelques années plus tôt.

Pour sa part, Clem avait choisi un hongre de trois ans qui s'appelait Poudre à canon, un nom qui ne convenait guère à ce cheval sans beaucoup d'allant.

L'expédition ne devait pas durer plus de quelques heures, mais les enfants s'étaient bien équipés. Ils emportaient dans leurs sacoches de quoi manger, une montre, une boussole, une carte, des gants, un téléphone portable et une trousse de secours. Ainsi qu'un vieux sac en toile de jute pour transporter les louveteaux, comme l'avait suggéré Norma.

Jenifer se sentait de bonne humeur en traversant l'immense prairie qui s'étendait au pied de la montagne. Ils avaient deux heures de balade à cheval devant eux, et elle aimait cela. De plus, elle était contente d'elle. Elle avait réfléchi et pris une décision qui lui semblait judicieuse. Grâce à elle, les petits de Roméo et Juliette auraient une chance de survivre.

Soudain, elle remarqua la carabine accrochée à la ceinture de Clem. La fillette fut tout à coup assaillie par le doute. Un gros doute. Allaient-ils réellement sauver les louveteaux ? Le frère aîné de son amie n'avait-il pas l'intention de les tuer ?

Jenifer tira légèrement sur les rênes de Honey. La jument ralentit le pas. Clem prit de la distance.

– Samantha ! appela-t-elle en s'efforçant de ne pas crier trop fort.

Son amie freina sa monture afin que Jenifer puisse la rejoindre.

– Pourquoi Clem a-t-il emporté son fusil ?

Samantha haussa les épaules :

– Il l'emporte toujours, par mesure de sécurité.

– De quoi a-t-il peur ? Des lapins enragés ?

Samantha roula les yeux :

– Ne t'affole pas ! Il ne va pas tuer tes chers petits loups.

– Il n'a pas intérêt !

Samantha donna un petit coup de pied dans le flanc de sa monture et repartit devant. Jenifer la suivit en essayant de ne pas s'inquiéter. Que pouvait-elle faire d'autre ? Elle se rassura en se disant que, si Clem tentait de s'en prendre aux louveteaux, elle le ferait jeter en maison de redressement par le shérif.

Une heure plus tard, les chevaux atteignirent la clôture qui séparait les pâturages de la forêt. Comme il n'y avait pas d'ouverture dans la barrière, les enfants laissèrent leurs montures dans le pré, attachées aux piquets. Après leur avoir donné à boire, ils rassemblèrent leur matériel. Clem prit sa carabine.

– Vous pouvez m'expliquer comment on va trouver des animaux sauvages dans les bois ? demanda-t-il.

– Je sais où ils sont, répondit Jenifer en sortant sa carte et sa boussole.

Ses parents lui avaient appris à s'orienter dans la nature pratiquement dès l'âge où elle avait commencé à lire. Elle posa la boussole sur la carte et prit ses repères.

– Nous devons nous diriger vers le nord-est, annonça-t-elle.

– C'est-à-dire ? fit Clem en la dévisageant.

– Je t'avais dit de rester plus longtemps chez les scouts ! lui lança sa sœur avec un petit sourire narquois.

Jenifer consulta sa boussole, puis regarda devant elle :

– Vous voyez ce tremble foudroyé, là-bas ? Allons-y. Quand nous y serons, je reprendrai des repères.

Clem se mit à marcher en direction de l'arbre.

– Super ! marmonna-t-il. J'ai l'impression qu'on est déjà paumés. Tout compte fait, on aurait peut-être dû emmener ton limier…

Rufus était resté dans la vallée. Anya avait promis de garder un œil sur lui.

– Clem ! le reprit Samantha sur un ton sévère. Ne te moque pas de Rufus.

Jenifer lui décocha un regard réprobateur :

– Tu peux parler… Comme si tu ne te moquais jamais de lui, toi !

– C'est différent, rétorqua Samantha. Moi, je suis un peu comme sa tante. J'ai le droit de le taquiner.

Jenifer se força à sourire, mais elle était tendue. Elle redoutait de se perdre, et appréhendait le moment où ils découvriraient les louveteaux. Que ferait-elle si Clem essayait de leur faire du mal ?

Au pied du tremble, elle ressortit sa carte et sa boussole, et décida de se diriger vers un rocher couvert de mousse. Quand ils y parvinrent, elle choisit un autre point de repère.

Ils n'avançaient pas très vite. Jenifer était impatiente, mais elle préférait opter pour la prudence afin de ne pas s'égarer.

Vingt minutes plus tard, elle éprouva un vif soulagement en arrivant dans le secteur où se trouvait la portée. Enfin… dans le secteur où *devait* se trouver la portée.

– Nous y sommes, annonça-t-elle en pivotant lentement sur elle-même.

Ils se tenaient sur un monticule rocheux. Entre les arbres, on apercevait la vallée. Le sommet du Mont Edna s'élevait à cinq cents mètres au-dessus d'eux.

– Parfait, fit Clem en s'asseyant au soleil.

Il se renversa en arrière et abaissa son chapeau. Sa sœur balança un coup de pied dans la semelle de sa chaussure :

– Qu'est-ce que tu fabriques ?

– La sieste. Papa m'a envoyé avec vous, mais il n'a pas dit que je devais vous aider.

– C'est malin !

– Tu ne me connais pas encore ? rétorqua l'adolescent avec un air satisfait en fermant les yeux..

« Ce n'est pas plus mal », songea Jenifer. De toute façon, elle ne voulait pas de l'aide de Clem. « Qu'il reste le plus loin possible des loups, avec sa carabine ! »

Quelques mètres plus loin se dressait un arbre au tronc pourri et creux. La fillette s'en approcha et se mit à quatre pattes pour regarder dans le trou. Il n'était habité que par les termites.

Peut-être que les louveteaux se cachaient…

Ils avaient sûrement peur. Comment les retrouver s'ils étaient tapis au fond d'un abri dissimulé aux regards ?

Jenifer se souvint alors du truc de sa mère : le drôle de bruit qu'elle avait émis. Elle essaya de reproduire le grognement guttural.

– Qu'est-ce que tu fais ? lui demanda Samantha.

– J'imite l'avertissement d'une mère loup qui revient à sa tanière.

– Ah bon ? fit Samantha en souriant.

– Enfin... j'essaie. Maintenant, arrête de parler !

Jenifer continua à imiter la louve. Au bout d'un moment, son amie se joignit à elle. Jenifer se demandait si elles produisaient un son naturel. Sûrement pas...

Elle était en train de regarder entre les rochers quand elle entendit quelque chose. On aurait dit les cris étouffés de petits animaux qui jouaient, qui montaient les uns sur les autres en grognant de plaisir...

Et, soudain, les petits loups surgirent un à

un d'une crevasse entre deux gros blocs de pierre.

– Samantha…, chuchota Jenifer.

Les louveteaux s'étaient rassemblés dans une petite clairière au sol tapissé d'aiguilles de pin. Deux gris, un tout noir, et un aux pattes blanches.

Jenifer s'immobilisa. Des yeux jaunes brillants d'intelligence étaient rivés sur elle. Rompant le silence, l'un des petits loups poussa un hurlement aigu.

Ses frères et sœurs s'éparpillèrent en tous sens. Avant que la fillette n'ait pu réagir, ils avaient disparu.

– Attrape-les ! cria-t-elle à son amie.

Au même moment, elle entrevit une queue qui dépassait de derrière un rocher. Elle la saisit. Le petit loup gris fit volte-face et tenta de la mordre.

Samantha sortit à la hâte le sac de jute de son sac à dos.

– Tiens, dit-elle en le déroulant. Et mets vite ces gants.

Jenifer déposa le louveteau dans le sac.

Puis elle enfila une paire de gants. Samantha en fit de même.

Un par un, elles dénichèrent les louveteaux dans leurs cachettes et les mirent dans le sac. En une demi-heure, elles en avaient pris sept.

– Ils y sont tous ? demanda Samantha.

– Pas sûr. Avec ma mère, on n'est pas arrivées à savoir s'ils étaient sept ou huit.

– À mon avis, ils sont au complet, dit Samantha.

Elle avait l'air pressée de partir. Jenifer hésitait cependant. Elle ne pouvait se résoudre à s'en aller. Et s'il restait un petit loup tout seul dans la forêt ?

– Laisse-moi vérifier une dernière fois, dit-elle.

Sur quoi, elle alla se coucher à plat ventre au-dessus de la mince fente entre les rochers d'où elles avaient déjà délogé quatre louveteaux tremblants. Elle y plongea la main.

– Alors ? fit Samantha.

– Rien… Non, attends… Si ! Je sens de la fourrure.

– Tu es sûre ?

– Certaine.

Jenifer grogna en tentant d'enfoncer sa main plus loin. Elle n'atteignait pas le fond de la crevasse. Son bras était trop court. Mais, du bout des doigts, elle effleurait quelque chose de poilu, quelque chose qui se rétractait lorsqu'elle essayait de l'attraper.

– Flûte… Je n'y arrive pas.

– Laisse-le !

Elle se retourna. Clem la dominait de toute sa hauteur.

– La nuit va bientôt tomber, ajouta-t-il. Il faut qu'on rentre.

– Pas avant que nous ayons le dernier, protesta Jenifer.

Elle tenta encore de pousser son bras plus loin. Mais il n'y avait rien à faire, elle ne pouvait pas atteindre le louveteau.

– Je t'accorde deux minutes, puis on s'en va, déclara Clem.

La fillette s'efforça de réfléchir posément. Cette situation lui rappelait quelque chose… La lumière jaillit soudain dans son esprit : Cocard, le porcelet !

– Peut-être que nous pourrions attirer le louveteau avec un morceau de viande, suggéra-t-elle.

– Un bout de jambon ? proposa Samantha.

Jenifer hocha la tête.

Son amie sortit un sandwich de son sac et découpa une lamelle de jambon, que Jenifer posa au bord de la crevasse. Puis elle attendit. Rien ne se passa.

– Tu crois que cette bestiole est sevrée ? fit Clem.

– Je fais ce que je peux ! riposta Jenifer.

L'adolescent haussa les épaules :

– Tes deux minutes sont écoulées. Moi, j'y vais.

– Tu ne connais pas le chemin.

– Si. Il suffit de descendre. Quand je serai sorti des bois, ce sera facile de retrouver les chevaux.

Jenifer ne se sentait pas vaincue.

– On ne peut pas l'abandonner ! dit-elle

avec force. Il va mourir de faim, tout seul ici.

Samantha suivait son frère des yeux.

– Alors, vous venez ? cria-t-il.

Jenifer regarda son amie. Samantha semblait hésiter. Puis elle s'approcha de sa copine et enleva ses gants.

– Pousse-toi, lui dit-elle.

Jenifer s'écarta.

Samantha faisait une tête de moins qu'elle et elle était beaucoup plus menue. Elle s'allongea à plat ventre et glissa un bras dans la crevasse.

– Aïe... Ce n'est pas large !

– Tu le sens ?

– Je... je crois... Ça y est ! J'ai sa queue !

Samantha retira sa main de l'anfractuosité. Elle tenait un minuscule loup gris qui gigotait comme un beau diable, toutes griffes dehors, essayant de s'agripper au rocher.

– Tu saignes, remarqua Jenifer.

– Ben ouais... Je t'avais dit que ce n'était pas large.

Jenifer prit le louveteau et le serra contre son cœur. Elle regarda Samantha avec gratitude : sans elle, elle n'aurait jamais pu l'attraper.

– Merci, dit-elle à son amie. Merci pour tout. Tu n'étais pas obligée de m'aider à sauver les loups.

Samantha haussa les épaules :

– Quand même… je pouvais bien faire ça…

Sur quoi, elles s'engagèrent dans la forêt pour retrouver leurs montures en emportant le sac, où les louveteaux s'étaient endormis. Clem les attendait en faisant une tête de six pieds de long.

Quand ils regagnèrent le ranch, deux heures plus tard, Anya était toujours auprès de Gus. Elle affirma que le poulain était hors de danger. M. Russell, lui, vaquait à ses occupations dans les prés.

Jenifer aida Samantha à desseller les chevaux et à les ramener dans l'écurie. Puis, pendant que sa tante chargeait le sac contenant les louveteaux dans son pick-up, elle dit au revoir à son amie. Anya démarra aussitôt.

En route, Jenifer prévint sa mère, qui les

attendait à la clinique.

Avant minuit, Juliette et ses petits étaient réunis, en sûreté dans l'enclos.

Jenifer était folle de joie. De plus, sa mère lui avait appris que l'agent Morehouse, de Fish and Wildlife, avait arrêté le meurtrier de Roméo. Le coupable était un certain Lincoln Tyler, un type du coin qui travaillait dans une scierie.

Finalement, Clem n'avait rien à voir dans cette sale histoire. Cependant, Jenifer se demandait toujours pourquoi il avait emporté sa carabine au Mont Edna. Certes, ce n'était pas lui qui avait tué Roméo, mais cela ne signifiait pas qu'il n'avait jamais eu l'intention de le faire…

Par ailleurs, à Gateway, un certain nombre de personnes considéraient Lincoln Tyler comme un héros.

Les loups qui vivaient en liberté dans le parc n'étaient pas encore à l'abri de tout danger…

FIN

Le marquage du bétail

Qu'as-tu ressenti en lisant le chapitre sur le marquage du bétail ? As-tu grincé des dents ?

Ce procédé peut en effet paraître cruel. On imagine facilement la douleur éprouvée par les bêtes au contact du fer rouge, et l'on n'aime pas que les bêtes souffrent.

Le marquage est cependant nécessaire, et il ne faut pas croire que les fermiers sont des gens sans cœur. Leurs troupeaux ne sont pas que leur gagne-pain. La plupart des éleveurs sont attachés à leur bétail. Sinon, pourquoi auraient-ils choisi ce métier ?

Les ranchers connaissent bien les bovins, et ils affirment que le marquage n'est pas trop douloureux pour les bêtes. Si celui-ci est effectué correctement, les veaux ne souffrent pas autant qu'on le pense, parce qu'ils ont une peau beaucoup plus épaisse que la nôtre et se remettent des brûlures plus vite que nous. Pour preuve, ils retournent en général brouter dans les minutes qui suivent.

Voici les raisons pour lesquelles le marquage est indispensable :

1) Les vaches d'une même race se ressemblent toutes.

2) Elles aiment bien s'échapper.

3) Les vaches non marquées sont une aubaine pour les voleurs de bétail.

Le marquage est donc un moyen pour le rancher d'identifier facilement les bêtes qui lui appartiennent, même lorsque celles-ci se baladent dans le pré du voisin. Sachant que l'on dénombre aux États-Unis pas moins de trente-trois millions de bovins, on comprend aisément l'utilité d'un procédé destiné à les différencier.

La tradition

Le marquage n'a pas seulement un but pratique. C'est aussi une coutume de l'Ouest américain. Souvent, les ranchers sont extrêmement fiers des symboles qu'ils ont choisis pour marquer leur cheptel, et ceux-ci réapparaissent gravés sur les bottes et les ceinturons, brodés sur les vêtements ou imprimés sur le papier à en-tête et les cartes de visite de l'exploitation. Parfois, les membres d'une même famille d'éleveurs possèdent chacun leur propre monogramme.

Déchiffrer un monogramme

Un monogramme est un signe composé de certaines lettres d'un nom entrelacées en un seul caractère. Décrypter les marques revient un peu à essayer de déchiffrer un alphabet étranger. Voici quelques secrets qui t'aideront à lcs décoder.

Les marques se lisent de gauche à droite, de haut en bas et de l'extérieur vers l'intérieur. Elles sont constituées de lettres, de chiffres et de symboles, dont les plus courants sont :

— la barre
O le cercle

Ō se lirait « barre zéro ».

La plupart des marques simples se

composent de lettres, de symboles et de chiffres. La marque du Homesick Ranch, dont nous avons parlé dans cette histoire, pourrait ressembler à ceci : .

Les gens qui vivent dans les ranchs, comme Samantha, la liraient : RS « connectés », car les lettres sont accolées l'une à l'autre.

Au fil des ans, les éleveurs ont imaginé des marques plus compliquées et plus fantaisistes. Le Homesick Ranch aurait pu adopter comme signe distinctif une marque « couchée », comme ceci : , ou une marque « à l'envers », comme cela :  ou  ou .

Tu as la tête qui tourne ? Ce n'est pas fini !

 Voici un E avec des « jambes ». Si je possédais des vaches, c'est peut-être la marque que je choisirais, parce que mon prénom commence par un E et j'adore marcher.

 Ce V a des petites « ailes ». C'est pourquoi on le qualifie de V « volant ». Un

fermier à l'âme poétique pourrait le lire : « victoire ailée ».

M Ce M est un M « courant ». Avec les fers à marquer simples – que l'on appelle « fers courants », il est plus facile de réaliser des marques avec des arrondis que des signes avec des angles. Les fers courants sont de simples barres de métal que l'on utilise comme un crayon à la pointe chauffée. Les marques plus sophistiquées sont réalisées avec des outils fabriqués par des forgerons.

$\overline{B}$Q Cette marque est celle d'un des éleveurs les plus connus d'Amérique. Devines-tu comment elle se prononce ? Barbecue – barre B Q.

apprentie

Jenifer

VÉTÉRINAIRE

701. Il faut sauver Rufus!
702. Des loups dans les montagnes
703. Un puma en danger
704. Les louveteaux introuvables